J. I. Hoppe

Was ist der menschliche Geist

Empirisch-psychologisch beantwortet

J. I. Hoppe

Was ist der menschliche Geist
Empirisch-psychologisch beantwortet

ISBN/EAN: 9783743475229

Hergestellt in Europa, USA, Kanada, Australien, Japan

Cover: Foto ©Thomas Meinert / pixelio.de

Manufactured and distributed by brebook publishing software
(www.brebook.com)

J. I. Hoppe

Was ist der menschliche Geist

Was ist

der menschliche Geist?

Empirisch-psychologisch beantwortet

von

Prof. J. I. Hoppe,

Doctor der Medicin und Philosophie, Mitglied der Kaiserl. Leop. Carol. Academie
deutscher Naturforscher etc.

Würzburg.

A. Stuber's Buch- und Kunsthandlung.

1877.

Vorrede.

Man muss wissen, was man ist, um im Sinne dessen, was man ist, zu handeln und zu wirken. Das „Kenne dich selbst" erfordert unbedingt einen Begriff für das, was der menschliche Geist sei.

Die Dinge tragen jedoch ihren Begriff nicht sehr zur Schau. Und alles menschliche Wissen von denselben vertieft sich daher endlich in das Metaphysische. Den metaphysischen Begriff haben wir jedoch in der Beantwortung der Frage, was der menschliche Geist ist, gänzlich unbeachtet gelassen. Denn vor der Metaphysik muss der Erfahrungsbegriff erst vollkommen klar sein.

Somit haben wir nur das Erfahrungswissen berücksichtigt.

Uns scheint es, dass die überlieferten Ausdrücke „Makrokosmus" und „Mikrokosmus" nie eine erhellende Vorstellung gegeben haben. Der menschliche Geist ist zwar in der That zu vergleichen mit einem Spiegel für das Weltall. Aber er ist mehr. Die Abspiegelung des Weltalls in ihm ist nur ein Theil seiner Aufgabe, und eine grössere und höhere Aufgabe liegt noch in seinem Handeln.

Das Wissen von dem, was geworden ist, und das Handeln im Sinne dieses Wissens und der sich aus ihm ergebenden Folgerungen, dies sind die beiden untrennbaren Arbeiten des menschlichen Geistes. Und nur an diese zweifache Erscheinung der geistigen Thätigkeit, mithin bloss an die Producte der letzteren, können wir uns anklammern, um den beschreibenden Begriff des Ganzen zu gewinnen.

Indem wir daher in der gedrängtesten Darstellung nur die Thatsachen aneinander gereiht haben, ist es uns gelungen, dem Erfahrungsbegriffe treu zu bleiben. Somit ist unsere Beantwortung der gestellten Frage gleichsam eine abgekürzte empirische Psychologie geworden, die auf den Kern der Frage eine bündige Antwort zu geben sucht.

Basel am 14. Febr. 1877.

Der Verfasser.

Inhalts-Verzeichniss.

I.

Man pflegt unzufrieden mit sich zu sein, wenn man nicht
sofort wenigstens einige Begriffserklärungen sich vorsagen kann,
z. B. „was ist eine Figur?" — „was ist ein Kreis?" Indess an
den Begriff des eigenen Geistes denkt man dann gerade am
wenigsten oder gar nicht, und es ist leider auch das Anfertigen
von Begriffsbestimmungen gar sehr aus der Mode gekommen.
Denn die „Mode" herrscht in Allem, was der Mensch thut,
weil der Mensch ein nachahmendes Geschöpf und zwar in
hohem Grade ist. Wir wollen daher den Begriff des menschlichen Geistes aufstellen, zumal derselbe fehlt oder doch gar
dürftig sich ausgesprochen findet. Wir wünschen mithin zu
sagen, als was der Mensch sein geistiges Wesen vom Standpunkte der sich kundgebenden Thätigkeit desselben, also das
geistige Arbeiten und Walten in ihm zu denken und zu bezeichnen hat, damit er von sich selbst bekennen kann, „was er
ist" und welche Richtschnur ihm bereits durch seinen
eigenen Begriff für sein geistiges Thun gegeben ist. Liegt
auch im geistigen Leben nicht Alles inbegriffen, was am Menschen vorhanden ist, so ist der Mensch doch als handelnde
Person nur ein geistiges Wesen, wenn er sich auch nicht
stets nach dem Begriffe desselben benimmt.

Wir geben behufs der Gewinnung des Begriffs zuvor die
unerlässlichen Thatsachen, und in der Aufstellung unseres Begriffs gehen wir nicht über diese Thatsachen hinaus, so un-
vollkommen mithin auch immer unser Begriff bleiben möge.

Wenigstens mächtig genug wird er dennoch immer sein, wenngleich er sich nur auf das Unbestreitbare stützt.

Zwei Dinge müssen in Arbeiten unsrer Art stets den Forscher leiten, nämlich: die p h y s i o l o g i s c h e n Erscheinungen der in einem Gehirn vereinigten Nervenfasern, und die E h r f u r c h t vor dem Geheimnissvollen des Gewordenen.

D r e i verschiedene Verrichtungen setzen die menschliche Geistesthätigkeit zusammen. Sie heissen bis jetzt mit ganz unzulänglichen und unzutreffenden Namen: V o r s t e l l e n, D e n k e n, F ü h l e n. So lange Menschen denken, hat man diese drei Arbeiten der „Seele" unterschieden, aber nicht klar herausgehoben. Und an die Unterscheidung der verschiedenen Geistesvermögen und deren Bezeichnung knüpft sich ein ausgedehntes Wissen an, das sich jedoch m e h r in Wörtern als in Thatsachen bewegt. Besonders schwer zu erfassen waren den Gelehrten: das Bewusstsein, das Wollen und das Begehren. Eine sehr fassliche Unterscheidung herrschte jedoch lange Zeit in Deutschland, nämlich: die Unterscheidung eines Erkenntnissvermögens (bestehend aus Vorstellen und Denken) und eines Gefühls- und Begehrungsvermögens. Indess man verlangt jetzt nach den elementaren Thatsachen, und bloss die Existenz einer D r e i h e i t der Functionen ist erst erkannt. „Bewusstsein" und „Wille" sind nur Erscheinungen der Denkthätigkeit und das sogenannte „Begehrungsvermögen" ist ein Product des zum Wollen befähigten Denkens und der treibenden geistigen Gefühle.

Die geistige Thätigkeit mit ihren drei Functionen haftet am Gehirn. Soweit das Gehirn diesen drei Functionen dient, kann man sagen, das Gehirn sei das geistige Organ. Nur muss man hierbei das geheimnissvolle Entstehen einer geheimnissvollen Thätigkeit, die bewusstwerdend sogar v o r s i c h s e l b s t Achtung empfindet, a c h t u n g s v o l l auch berücksichtigen. Sitzt die räthselhafte Erscheinung des geistigen Lebens an der Materie und kommt sie sogar aus der Materie als deren

Product heraus, so ist wiederum die Materie so geheimnissvoll, als der sogenannte „Geist" selbst, und eine Herabwürdigung würde dadurch nicht bedingt, wenn man sie nicht hineinträgt. Wie auch kann man die Gehirnfaser Gedanken machen lassen, wenn man nicht auch zugeben will, dass dann Gedanken schon in der Materie liegen und alle deren Erscheinungsformen Gedanken sein müssen! Nicht „wir" denken, sondern in unserem Gehirn denkt ein uns unbekanntes Etwas. Wir sind ein Gewordenes, in welchem die geistige Gehirnthätigkeit sich selbst zu erkennen sucht. Dass man aber die gewonnene Erkenntniss als „Materialismus" oder „Idealismus" bezeichnet, das ist überlieferter unnützer Wortkram. Die Weisheit liegt bloss darin, dass man das Gegebene mit den, an ihm sich offenbarenden, Erscheinungen getreu und richtig auffasst und dabei gewissenhaft das unterscheidet, was man noch gar nicht oder doch noch nicht vollkommen zu erklären, d. h. auf seine machende und begrifflich erfasste Ursache zurückzuführen vermag. Denn Vieles haben die Menschen als geheiligte Feststellungen einander überliefert, das sie ehrfurchtsvoll gewahrt wissen wollen. Ein offenes Geständniss dessen, was man nicht ergründen kann, schliesst die verlangte Ehrfurcht in sich.

Die Psychologie hat es nicht zu thun mit der Schöpfungs- oder mit der Entwicklungsgeschichte, auch nicht mit der Lehre von Gott, von der unsterblichen Seele, von der Gnade Gottes, von der beständigen Einwirkung Gottes auf den Menschen etc. Erst nur die feststehenden Thatsachen der Seelenerscheinungen! Das Glauben ist ein von der Denkthätigkeit vollzogenes Sich-Erlauben eines thatsächlich nicht erweisbaren Wissens. Und der Glaube ist ein solches Sich-Erlauben in Verbindung mit dem Gelöbniss dessen, was für die Denkthätigkeit in ihrer Weltphilosophie Geltung haben soll, — der Schmerzens- schrei in das Weltall nach dem, was man als nothwendig sein sollend und sein müssend erkannt hat.

Die drei geistigen Functionen vollziehen sich an, in oder mittelst der Gehirnzellen. Das Thätige hier ist noch vollkommen unentschleiert. Wir kennen in Bezug auf das Thätige, — jedoch auch noch keineswegs erschöpfend — die chemischen Stoffe und die Structurform, und wir können hieraus das Entstehen des untastbaren Geistigen n i c h t erklären. Gewiss ist aber, dass in der Structurform und in der gesammten organischen Beschaffenheit der Hirnfaser vieles zum Auftreten der geistigen Thätigkeit Erforderliche vorhanden liegt, auch dass die Gehirnfaser ihre vollkommene Ausbildung und ihre organische Unterhaltung haben muss, und dass diese Fasern in reichlicher Anzahl entstanden sein müssen. Gewiss ist ferner, dass sich das untastbare Geistige unter einer Art von elektrischen Bewegungen aus der Gehirnfaser entbindet, dass die Eindrücke räumlich und zeitlich in geordneter Weise sich hier fortleiten und haftende Spuren zurücklassen, um wieder auftauchen zu können, und dass die Erscheinungen unter moleculären Vorgängen an der Hirnfaser sich bilden, selbst wenn diese nur als Träger dient. Wie auch sollte sonst eine geordnete Thätigkeit am Organischen möglich sein! Ob dagegen die geistigen Vorgänge nach der Entwicklungstheorie a l l m ä h l i g aus kleinen Anfängen entstanden sind und durch W i e d e r h o l u n g nach und nach bis zur Erzeugung der gegenwärtig möglichen Geistesproducte sich vervollkommnet haben, — diese Frage gehört nicht hierher. Genug, mit der anatomisch vollkommen ausgebildeten menschlichen Frucht ist jetzt die geistige Thätigkeit auch gegeben, so dass sie mittelst sensitiver Erregungen auch sofort beginnt und schon vor der anatomischen Reife des Gehirns im Kinde und Knaben sich nach allen Richtungen hin entfaltet, ohne je in irgend einem Menschen zur geahnten und angestrebten Vollkommenheit zu gelangen, wie sehr auch die Hirnfaser dabei ihre Altersreife und organische Vollendung erreicht. Und mit ihrer ersten Regung schon stellt sich die geistige Thätigkeit in ihren eigenthümlichen Formen dar, nämlich in den drei Verschiedenheiten des Vorstellens, Denkens und Fühlens, statt welcher wir jedoch unterscheiden: 1) das Formen der Eindrücke, 2) das Hervorbringen von einheitlichen Denkproducten und 3) die geistigen Faserneigenschaften.

Diese drei Functionen müssen wir in der kürzesten Weise schildern, um das allernöthigste Material zur Feststellung des gesuchten Begriffs zu gewinnen, — eines Begriffes, dem man seine thatsächliche Richtigkeit nicht wird abstreiten können, so sehr man ihn auch noch vervollkommnen wird und muss.

II.

1) Die formende Thätigkeit. Sie entspricht gewissermassen Demjenigen, was man bisher „Vorstellungsthätigkeit" genannt hat. Sie ist diejenige Function, die als Centrum der Sinnesnerven und der gesammten sensitiven Nerven diejenigen Eindrücke sammelt und gestaltet, welche das Tastbare oder vielmehr das in physikalischer Weise Berührende auf diese Nerven ausübt. Etwa dem Namen, aber bisher noch nicht der Sache nach würde das, was man das „sensorielle Centrum" genannt hat, dieser formenden Thätigkeit entsprechen. Diese Function formt die Eindrücke zu den Erscheinungen, wie sie uns aus dem Gegebenen zum Bewusstsein kommen, und sie giebt uns also aus dem Bereiche der Sinnesnerven und der gesammten sensitiven Nerven die Erscheinungen, wie wir sie nach unserer menschlichen Gattungseigenschaft haben sollen und müssen. Sie ist das Constructionsorgan für das, was in der Natur und an unserem Körper als sogenanntes „Sinnenfälliges" vorhanden ist, die Anfertigungs- oder Lieferungswerkstätte für die Zeichen und Bilder des Tastbaren oder Physikalischen und unserer Berührung durch dasselbe, soweit sonst die sensitiven Nerven und die Sinnesorgane zum Empfinden

dieser Berührungen auch empfänglich sind. Sie liefert uns demnach den Geschmack, den Geruch, das Gehörte, das Gesehene, das Druckgefühl, das Gefühl der Wärme und Kälte etc., indem sie verursacht, dass wir in solcher Weise hören, sehen, schmecken, riechen etc., wie wir hören, sehen, schmecken etc. Sie formt mithin die Eindrücke der Sinnesnerven zu den geistigen Producten (Zeichen und Bildern), wie sie die Denkthätigkeit dann verwendet.

Mittelst dieser Function wird uns also gegeben und aufgelegt, was und wie viel wir von dem Gewordenen wahrnehmen und wie wir dasselbe erkennen können und sollen. Und es arbeitet diese Function, ohne dass die ihr übergeordnete Denkthätigkeit bis jetzt erkennen kann, wie jene es macht. Sie arbeitet wie eine blinde Naturgewalt. Sie kann, soviel wir davon zum Bewusstsein zu bekommen vermögen, nicht denken und hat kein geistiges Fühlen. Sie weiss nicht, was wahr oder falsch ist, und ihre Irrungen und Verirrungen müssen daher berichtigt werden. Sie arbeitet ohne unseren Willen und schier unablässig und unermüdlich, in unserem Wachen und während unseres Schlafes. Was sie hervorbringt, das überliefert sie an die Denkthätigkeit und an die Gefühlsthätigkeit, und sie würde den menschlichen Körper auch als blinde Macht beherrschen, wenn nicht die Denkthätigkeit sie zu leiten und ihre Producte zu berichtigen vermöchte. Ja, in dem Masse, als sie nicht von der Denkthätigkeit geleitet wird, springen ihre Erregungen sogar auf die motorischen Nerven über, so dass der Mensch dann willenlos oder unbewusst handelt. Sie ist äusserst geschickt, und alle Geschicklichkeit des Menschen ist zunächst und wesentlich ihr zu verdanken. Der Kunstsinn des Menschen und des Thieres wurzelt in ihr. Ihr Gebiet umfasst die ganze Welt des Gegenständlichen, und wer mit einer befähigten „Vorstellungsthätigkeit" begabt ist, der erobert sich leicht irgend ein Gebiet des Gegenständlichen, worin er durch Fertigkeit oder gar Meisterschaft sich auszeichnen kann. Sie entspricht am allermeisten Demjenigen, was man „Phantasie" genannt hat, welche jedoch in dem üblichen Sinne erst durch den Hinzutritt der beiden übrigen Functionen entsteht oder doch geadelt wird.

Sie ist das hauptsächlich Thätige im Menschen, und ihr gehören alle instinctmässigen Handlungen an, so weit sie vom Gehirne ausgehen. Solche eine Function kann nicht wohl „dumm" genannt werden, aber ohne Leitung durch das Denken und durch schon erworbenes Wissen vollzieht sie auch närrische, thörichte, alberne und selbst dumme Handlungen. Sie construirt aus den Schatten, welche die innere Theile des Auges auf die Netzhaut werfen, und aus den durch innere Reizungen entstehenden Licht- und Farbenerscheinungen Gestalten, als ob sie dieselben von Wirklichkeiten entnähme, und seine Illusionen und Hallucinationen verdankt der Mensch ihr. Durch das Denken gar nicht oder nicht richtig geleitet, verirrt sie sich sogar so weit, dass sie den Menschen dem Thiere gleich macht, wie besonders die geisteskranken Zustände beweisen. Gegen sie muss die Denkthätigkeit auf der Hut sein, obgleich sie ihr fast Alles verdankt und der Mensch ohne diese Function verlassen im Weltall stände und fremd ihm alles Gewordene bliebe. Das automatische Arbeiten ist am meisten in ihr entwickelt, und die Menschen arbeiten ja auch am meisten und haben vom Anfange ihrer Existenz an vorherrschend nur mittelst ihrer „Vorstellungsthätigkeit" und im Gebiete derselben gearbeitet. Sie· vollzieht sich äusserst leicht und reift zuerst im Kinde, während das Denken sich schwer und das überlegungsvolle Selbstbestimmen im Dienste edler Gefühle sich sehr schwer vollzieht.

Alles jedoch, was die formbildende Function hervorbringt, bleibt unbekannt, wenn es nicht zur Denkthätigkeit gelangt und hier mit Bewusstsein aufgenommen wird. Und um das Arbeiten jener Function kennen zu lernen, müssen wir zuvor ausscheiden das, was den beiden übrigen Functionen angehört. Vom ersten Augenblicke an arbeiten die drei geistigen Functionen bereits zusammen, und die Unterscheidung dessen, was jeder einzelnen Function eigen ist, erfordert daher ein sehr fortgeschrittenes Wissen. Wegen dieser schwierigen Unterscheidung meinen wir Menschen daher, dass „wir" es sind, welche sehen, hören, schmecken etc., während das Gesehene, Gehörte etc. von der formbildenden Function fertig schon unserer Denkthätigkeit dargereicht wird und diese dann es mittelst der ihr eigenthümlichen Arbeitsweise sofort ergreift und sogar in der ihr eignen Weise bei jedem Gewinnen der Eindrücke auch schon mithilft. Aber ihr Mitwirken besteht nur im erkennenden und richtigeren Aufnehmen des Dargereichten.

Um die sogenannte „Vorstellungsthätigkeit" kennen zu lernen, müssen wir durchaus das visionäre Sehen, Hören, Schmecken, Riechen, Fühlen, sowie das Traumleben, kurz die hallucinatorsschen Erscheinungen studiren, bei deren Anfertigung die Denkthätigkeit meistens äusserst wenig und oft gar nicht betheiligt ist, und dann können wir erkennen, dass in unsrem Gehirne eine geistige Function besteht, die alle Eindrücke, die durch das „Tastbare", durch die physikalischen Nervenberührungen entstehen, in eine vorgeschriebene und vorgezeichnete Form fasst. Das Product dieser Function ist mithin die geistige Erfassungsform der Wirkung des Vorhandenen, das uns trifft, die ursprüngliche Form unsrer Anschauung, unseres Hörens, Sehens etc., oder vielmehr die Form, in welcher das Organ dieser Function, diese Function selbst hört, sieht, fühlt etc. Und dies Product steckt in dem, was man „Einzelvorstellung" aus dem Gebiete des Sinnenfälligen bisher nannte. Aber jene Form entspricht nicht ganz dieser „Einzelvorstellung", an deren Feststellung ja bereits die Denkthätigkeit mitgeholfen hat. Und weil man die formbildende Thätigkeit als solche nicht unterschied und nicht scharf absonderte, sondern nur eine „Vorstellungsthätigkeit" annahm, d. h. ein noch nicht zerlegtes Zusammenarbeiten der Denkthätigkeit und der formbildenden Function, so ist das Wort „Vorstellung" unzutreffend geworden, und die formbildende Function mit der von ihr gemachten Form der sensitiven Eindrücke muss sich erst in unserem Sinne ihre Anerkennung noch erwerben.

Was man jetzt „Vorstellung" in laienhafter, wie in wissenschaftlicher Weise nennt, das ist ein wirres Gemenge, so dass das Wort „Vorstellung" unklar gebraucht und missbraucht wird. Allerdings steckt die von der formbildenden Function angefertigte Eindrucksform in der sogenannten „Vorstellung", aber nicht scharf als solche erkannt und unterschieden, und unter „Vorstellung" versteht man ausserdem und hauptsächlich Alles, was man sich als Einzelnes oder Zusammengesetztes im Geiste vergegenwärtigt, im Bewusstsein sich vorhält, kurz Alles, was auf ein wirklich oder scheinbar Sinnenfälliges oder gar auf ein bloss in sinnenfälliger Form Gedachtes bezogen werden kann, so dass „Vorstellung" schliesslich sogar nur so viel, als ein gerade erfasstes und zur Betrachtung festgehaltenes und vorgehaltenes Wissen bedeutet. Weil jedoch in diesem vorgehaltenen Wissen immer irgendwelches Formprodukt des „sensoriellen Centrums" oder der formenden Function liegt, so bekommt das sehr unbestimmte Wort „Vorstellung" wenigstens einen Halt. — Man muss also wohl unterscheiden, was dem formenden sensoriellen Centrum allein angehört. ·

Diese Function, welche erregend auf die Denk- und die Gefühlsthätigkeit wirkt, führt der Denkfaser alles Material zu, das ausserhalb der Denkfaser als geistiges Produkt von dem Gegebenen entnommen werden kann, und sie dient wiederum der Denkthätigkeit dazu, das, was diese denkt und will, in sinnenfälligen Formen zu construiren und in solchen, so weit auch dazu die Mittel vorhanden sind, wahrnehmbar auszuführen.

In den allgemeinsten Umrissen haben wir hier die erste geistige Function geschildert. Diese formende Function findet sich auch bei allen Thieren, und sie findet sich, namentlich in Bezug auf das Construiren einzelner Formen, sogar bei manchen Thieren, schon vor aller Erziehung und ohne jede Erziehung, viel entwickelter, aber einseitiger, als beim Menschen, wie der Kunstsinn der Biene und der Spinne etc. beweist. Und fassen wir die aufgestellten Merkmale zusammen, so ergiebt sich, dass in der geschilderten geistigen Function eine mit Naturnothwendigkeit wirkende Zwangs-Einrichtung besteht, welche uns darbietet, was von dem Gegebenen und wie es zur Denkthätigkeit gelangen soll, eine Zwangsvorrichtung, die zu allernächst den Menschen, wie auch das Thier, zu einem geistigen Wesen macht, die aber, — so sehr viel besser als in den Thieren sie auch im Menschen ausgestattet sein möge, — allein noch nicht den Menschen über die thierische Stufe erhebt und gegen deren Arbeiten unter Umständen die Denkthätigkeit sogar alle ihre Kräfte aufbieten und die sie in ihrer ganzen Eigenthümlichkeit gründlich kennen und beherrschen lernen muss, um nicht durch sie, trotz aller ihrer Fertigkeit und Gaben, dennoch gewaltig irr und wirr zu werden.

III.

Die Wichtigkeit der formbildenden Function nöthigt uns, bei dieser noch zu verweilen, und behufs ihrer Erörterung dürfte es zweckmässig sein, die formbildende Function des Seh-Sinnes als Beispiel näher zu betrachten. Die formbildende Function sitzt in den Ganglienapparaten des Gehirns und ist von der Function der Denkzellen ganz verschieden. Sie sitzt für den Gesichtssinn wahrscheinlich in den Vierhügeln, und deren Zellen arbeiten, so weit nicht ein Theil derselben etwa auch noch anderen Sinnen dient, für den Be-

reich dessen, was von den Sehnerven zu ihnen gelangt. Die
Vierhügel sind für den Gesichtssinn das Aufnahmeorgan
aus dem in den Enden der Sehnerven durch den Lichtreiz
angeregten und sich vollziehenden Nervenprozesse. Sie sind
das Mitwirkende bei diesem Prozesse, der ohne sie gar
nicht zu Stande kommen könnte. Denn in den Nerven und
Nervenenden arbeiten die Nervencentra bereits mit, und nur
im Dienste dieser Centren arbeiten die Nervenfasern, während sie eine physikalische Berührung und Anregung empfangen. Die also durch die Nervencentra auf Erzielung eines
bestimmten Erfolges bereits hingerichteten Nervenenden wirken
mit den sie anregenden Ursachen zusammen, und das Product
hiervon ist ein sogenanntes geistiges Product, wie es die
Nervencentra verlangen und gleichsam befehlen. Mithin besteht nicht eine blosse Anregung und Fortleitung. Sondern
die Mitwirkung von dem höheren Organe her bestimmt den
Erfolg der physikalischen Einwirkung. Die Centralorgane
enstehen zuerst, und die Denkkräfte oder Denkatome in ihren
verschiedenen Ordnungen sind hier, wie überall, das Erste,
und sie bestimmen auch hier das, was sie aus der Einwirkung
der physikalischen Ursachen angefertigt haben wollen und
gleichsam begehren. Mindestens kann man bei der einmal
fertig dastehenden Entwicklung nicht den entgegengesetzten
Weg von der Peripherie zum Centrum allein einschlagen. Die
geistigen Erscheinungen beginnen mit der, unter Mitwirkung der Nervencentra in den von aussen erregten Nervenenden entstehenden, Arbeit. Die Thätigkeit der Vierhügel
erstreckt sich bis in die Enden der Sehnerven hinein, und
sie verfertigt in diesen bereits aus der Einwirkung der verschiednen Aetherwellen die verschiednen Farben als deren
Zeichen, als den Ausdruck ihrer Erregungsform. Die
Vierhügel ferner gestalten die, aus dem in den Nervenenden
physikalisch angeregten Prozesse gewonnenen, Erregungen auch
zu den Formen, wie sie für die Denkzellen passen. Sie

sind sodann der Sammlungsort für die aus den sogenannten Gesichtseindrücken gewonnenen Producte, und mittelst ihres Gedächtnisses sind sie der Aufbewahrungsort derselben. Ausserdem sind sie die Reproductionsstätte für Alles, was die Denkthätigkeit aus den Erfahrungen des Gesichtssinnes wieder hervorbringt, und wenn die gesammte Geistesthätigkeit in der Form der sogenannten Phantasie arbeitet, so fällt dabei den Vierhügeln alles Gestaltenbilden zu, das zu dem Bereiche des Gesichtssinnes gehört oder aus dessem Gebiete entlehnt ist. Endlich sind die Vierhügel in Betreff der ihr zugehörigen Formungsarbeit der Sitz einer grossen Kunstfertigkeit, und ihre Zellen arbeiten bereits durch ihre alleinige Thätigkeit bei ihren Formen auf die Hervorbringung möglichst vollkommner Producte hin, so dass das Schöne im Gebiete des Gesichtssinnes zum grossen oder sogar grössten Theile schon auch ohne die Mitwirkung der selbstbewussten Denkthätigkeit in ihnen entspringt.

Von aussen stammen die Anregung und das Material; aber die Vierhügel, wie die Centra der übrigen Sinnesnerven, verlangen auch schon selbst nach Erregung, und ihre Producte sind so eigenthümlich und selbständig, dass sich nicht bis jetzt ergründen lässt, wie sie deren Anfertigung durchaus nur von den äussern Ursachen und durch sie erlernt haben sollten; bei allem Erlernen muss ja überdies ein geheimnissvolles lernendes Subject vorausgesetzt werden, und die äussern Ursachen allein könnten in der Nervenmasse nicht das Geistige hervorbringen. Führt man das Hinstreben der Vierhügelfunction nach Vollkommenheit und Schönheit ihrer Gestalten auf die Molecularprozesse ihrer Zellen zurück, so muss man in diesen ein äusserst präcises und gleichsam mathematisches Arbeiten annehmen. Ja, man muss sogar vermuthen, dass den Atomen in jenen Zellen bereits in organischer Weise ein verstehendes Können anhafte, das vielleicht in allen Nervenzellen für deren Bedarf existirt und das in den Denkzellen höher und allseitiger entwickelt hervortritt und hier selbstbewusst vollzogen wird. Liegt in diesem Gedanken auch nur eine Spur von Wahrheit, so drängt sich mit Recht die Annahme auf, dass in den Atomen schon ein Befriedigtwerden oder Nichtbefriedigtwerden durch ihre eignen Schwingungen bestehen müsse, so dass sie ihre Bewegungen ändern, bis diese ihnen selbst genügt. Indess wir wissen nichts Gewisses hiervon. Dennoch müssen wir davon und namentlich gerade davon reden, dass wir hier Nichts wissen, damit nicht der „Geist", den die Psychologie zu suchen hat, in den von aussen gegebnen Bewegungsreizen und `in deren Fortleitung durch das Gehirn hindurch verdufte. Die Psychologie hat die geistigen Erscheinungen aufzusuchen, zu untersuchen, zu erforschen und zu ergründen; aber sie kann dies nicht, ohne ein wachsames Auge auf die Ursache des Geistigen selbst zu haben, und unparteiisch steht sie allen Möglichkeiten gegenüber. Möglich, dass in den Nervenzellen die Beschaffenheit und Thätigkeit der Atome sich zu einer besondren Feinheit und zu einer grossen Befreiung von störenden Hindernissen entwickelt hat, und dass mithin aus der Materie hier sich eine bis hierher in der Natur noch nicht aufgetretene Thätigkeit entbindet, die als „Geist" auftritt und in den Denkzellen noch vollkommner als solcher hervorbricht; — möglich auch, dass andre Ansichten richtiger sind.

Es sei dahingestellt, wie sich dieses Alles verhalten möge. Was wir jedoch sonst von der Function der Vierhügel gesagt haben, das ist richtig. Und zu diesem Richtigen gehört namentlich, dass die Zellenfunction der Vierhügel bei der Wiederhervorbringung dessen, was sie in den Enden des Sehnerven schon angefertigt, von hier aufgenommen, gestaltet und aufbewahrt hat, und gleichfalls bei der Zusammensetzung neuer Gestalten aus den Gesichtserscheinungen ihres Erfahrungsbereiches, bereits ohne Mitwirkung der selbstbewussten Denkthätigkeit arbeiten und sogar auch ohne diese Mitwirkung

vollkommene Schöpfungen hervorbringen kann, die sie dann
den Denkzellen zum selbstbewussten Erkennen vorhält („vorstellt"). Die Denkzellen können nicht machen, was die
Centralganglien mit ihren Nervenenden machen und anfertigen
können. Und was also in Betreff des Sehsinnes nur die
Vierhügel produciren können, das muss von diesen gemacht
und fertig den Denkzellen zugeführt werden. Dies ist auch
wirklich der Fall und findet häufig (z. B. bei den Farben) sehr
erkennbar statt. Dasselbe gilt für alle Sinne und sensitive
Nerven mit ihren Centralstätten im Gehirne.

Aber die Denkthätigkeit kann bei der Entstehung des in
den Enden der sensitiven Nerven beginnenden Products auch
mitwirken, und es geschieht dies gleichfalls häufig, um so
häufiger, je bewusster die Denkthätigkeit der Denkzellen geworden ist. Bald nur mit schwacher, bald mit gespannter
Aufmerksamkeit folgt sie dann den zu ihr gelangenden Kund-
gebungen, die sie — mit Ueberspringung des ihr dabei ganz
unbekannt bleibenden Processes in den Vierhügeln etc. — direct
auf die äusseren Gegenstände bezieht. Und unter Abweisen
und Annehmen leitet sie die Entstehung des ihr kundwerden-
den Products, wobei es ihr freilich, da sie den zwischen ihr
und den erkennbaren Dingen eingeschobenen Nerven- und
Vierhügelprocess gar nicht kennt, als ganz ordnungsgemäss
begegnet, dass sie sich einbildet und diese Einbildung auch
kaum je wieder los wird, dass sie und zwar allein das
Machende sei.

Es ist übrigens, selbst wenn man den ganzen Vorgang
so sehr, als es hier irgend möglich ist, durchschaut, nicht immer
leicht zu entscheiden, ob das Bild eines augenblicklich vor-
liegenden Dinges oder ob eine plötzlich oder langsamer im
Bewusstsein auftauchende reproducirte alte oder eine aus dem
gegebenen Gedächtnissmateriale als neu zusammengesetzte
Erscheinung bloss das Product der Vierhügel (oder eines
andern Centralheerdes), oder ob sie gleichzeitig das Product

der bewussten Denkthätigkeit und wie sehr dieses der Fall
sei. Denn häufig genug kommt es vor, dass die Vierhügel
eine Gestalt zu formen beginnen, aber fast eben so schnell die
bewusste Denkthätigkeit das entstehen wollende Product wahrnimmt und nun sich mit seinem Gedächtniss und mit seinem
Mitwirken einmischt. Und dies kommt am gewöhnlichsten in
der Weise vor, dass die Denkthätigkeit dabei ihr Mitwirken
nicht beachtet und es sich nicht zum Bewusstsein bringt, sondern nur mit dem Wahrnehmen eines im „Geiste" gewordenen
und einem der Sinnesgebiete zugehörenden Bildes oder Eindrucks
etc. sich begnügt.

Wie schwer jedoch die Unterscheidung hier auch sein
möge, so ist sie doch wirklich möglich; indess für das erste
und gleichsam entdeckende Wahrnehmen dieser Erscheinung
gelingt sie dem Menschen wahrscheinlich nur im Gebiete der
visionären Erscheinungen, besonders bei dem visionären
Sehen, möge dieses bei offenen oder geschlossenen Augen und
in der Form der Illusion oder Hallucination stattfinden. Und
wenn man dieses visionäre Sehen genau belauscht, so erkennt
man, dass die visionären Gestalten wirklich schon fertig dem
„Bewusstsein", den bewusst arbeitenden Denkzellen dargereicht
werden, (obwohl auch selbst hier das Bewusstsein mitwirken
kann und oft mitwirkt) und dass also die wahrgenommenen
Erscheinungen in oder von den Vierhügeln, kurz: auf dem
Wege diesseits der Denkzellen schon fertig gemacht wurden.
Hat man sich dann von dieser Wahrheit überzeugt, so erkennt
man auch bald, dass bei unserem alltäglichen selbstbewussten Sehen die Vierhügelfunction oft genug die Abbilder
der Wirklichkeit unserem Bewusstsein unterbreitet und dass
sie sogar in jedem Falle durch ihr Construiren der Gesichtserscheinungen dem gewöhnlich ziemlich trägen und unbeholfnen
Bewusstsein nachhilft und ihm die Arbeit wesentlich erleichtert.
Das Bewusstsein sollte zwar beim Sehen und bei allem Aufnehmen mittelst der sensitiven Nerven scharf vom ersten An-

fange des Actes an mitwirken, um vor Täuschungen sich zu hüten und selbstbewusst und sicher das Product zu gewinnen, es treu und wahrhaft zu besitzen und es als wahr anzunehmen (wahrzunehmen). Indess stets allzusehr mit irgend etwas beschäftigt, hat es sich gewöhnt, durch die viel gewandtere und behendere Formbildungsfunction der Nervencentra sich allzusehr bedienen oder gar ersetzen zu lassen.

Als Beispiele endlich, dass bei den Täuschungen und bei dem visionären Sehen die bewusste Denkthätigkeit ganz und gar unbetheiligt an dem Construiren der auftretenden Erscheinungen bleiben und das Gestaltenbilden ganz der formbildenden Vierhügelfunction überlassen sein kann, so dass diese die von ihr gefertigte Gestalt den Denkzellen zum Erkennen vorhält oder vorstellt, führe ich einige Fälle an, deren Vervielfältigung Jedermann möglich ist.

Man tritt z. B. in ein Zimmer, in welchem sich schon Personen befinden, und indem man diese begrüsst, huscht die gelbgestreifte weisse Hauskatze unter das Sopha, und in der Sorge um die Vögel lenkt man ganz unbefangen die Aufmerksamkeit Aller auf die eingeschlichene Katze. Indess es war nur ein Farbenschein von Weiss und Gelb, der im Auge haftete und der Augenbewegung theilweise folgte. Wohl könnte man hier sagen, dass die selbstbewusste Denkthätigkeit hier ebenso schnell das Bild aus der Farbenerscheinung construirt habe. Und es könnte ja auch solches der Fall sein, gänzlich oder stückweise. Immer jedoch wird man hierbei auf Fälle stossen, wo man sich selbst sagen muss, dass man von einer selbstbewusst vollbrachten Construction solcher Erscheinungen gar nichts weiss und dass auch nicht etwa die Denkthätigkeit in einer von uns nicht beachteten Weise die Erscheinung gemacht habe; (in letzterem Falle wird man sich dessen nachträglich bewusst). — Oder man schreibt, und nach einiger Zeit richtet man den Kopf etwas empor und sieht eine Person im Zimmer, wie während unserer Vertiefung in die Arbeit hereingetreten; indess vor dem klaren Blicke, mit welchem man die Gestalt anschaut, löst sie sich in einen matten Schein auf. — Oder, in Gedanken an ganz andere Dinge versenkt, sieht man einen Bekannten, an den man mit Wissen gar nicht gedacht hatte, in einiger Entfernung vor sich, und man eilt ihm nach, ihn immer fixirend, aber plötzlich ist er verschwunden. — Oder auf einer ganz menschenleeren Feldstrecke sieht man Menschen gehen, in derselben Richtung, welche wir verfolgen; aber man erreicht sie nicht und kommt ihnen auch mit beschleunigtem Reiten oder Fahren nicht entsprechend näher (woran auch freilich die Täuschung durch die Entfernung schuld sein könnte), indess plötzlich an einem Strauch, auf einer kleinen Erhöhung etc., wo man sie noch so eben sehr deutlich sah, verschwinden sie, und als man gleichfalls an dieselbe Stelle gelangt, findet man die volle Ebene und keine Spur eines Schlupfwinkels zum Verbergen. — Oder man will Jemand besuchen, sieht bereits in grosser Nähe dessen Haus und sieht plötzlich ihn in dasselbe hineintreten; indess im Hause finden wir zwar denjenigen, den wir finden wollten, aber Alle bezeugen, dass er das Haus am selbigen Tage noch nicht verlassen hatte und sein Zustand bezeugt uns, dass er nicht zwei Minuten vor uns zurückgekehrt sein könne. Und die Personen, denen Solcherlei begegnet, bezeugen feierlich, dass bei diesem Sehen keine Spur von „Gefäss-, Nerven- oder Gedankenaufregung" in ihnen bestanden habe und sie behaupten die gewohnte Wahrheit ihres Sehens. — Oder es steht, wie es bei den Phantasmen vor dem Einschlafen oft begegnet, plötzlich eine Person im Sehfelde, die vielleicht (scheinbar) eine Treppe herabkommend uns entgegentritt; oder eine Pflanze zeigt sich plötzlich in der vollsten Deutlichkeit, so dass man an ihr die einzelnen Theile so genau wahrnehmen kann, wie man sie fast nie in der Wirklichkeit geflissentlich angeschaut hat; oder ein Löwe, eine Spinne, ein Vogel etc. stellt sich dar — oft unter Bewegungen, an die

man gar nicht vorher und dabei gedacht hatte und durch
welche man ganz überrascht wird — in einer Vollkommenheit,
die uns mehr in Erstaunen setzt, als es beim Anschauen solcher
Geschöpfe je in der Wirklichkeit der Fall gewesen war. Und
betrachtet man später dieselben Dinge in der Wirklichkeit,
so erkennt man oft, dass man in der Vision sie ebenso sehr
in ihren Einzelnheiten gesehen hatte, als sie in der Wirklichkeit vor uns liegen, während man sich wenigsens nicht erinnern
kann, früher geflissentlich die genaue Beschaffenheit bis zu
den zierlichsten Kleinigkeit herab sich eingeprägt zu haben.
Man sieht in solcher Weise ein Glas, einen Tisch, ein Bild,
ein Kleid etc. und verweilt an den Einzelnheiten, die man
mit seinem selbstbewussten Denken am andern Tage nicht
mehr aus der Erinnerung wieder zu erneuern und noch weniger
mittelst einer freien Construction ebenso vollkommen und schön
wieder zusammenzusetzen vermag. Dazu kommt, dass derjenige,
der diese schönen Bilder visionär bei geschlossenen Augen
sieht, oft gar nicht zu zeichnen versteht oder gar auf Befragen
sich ganz unfähig zeigt, irgend eine solche aus der Erfahrung
entlehnte Gestalt nur nothdürftig zu beschreiben, während er
die ganze fertige visionäre Erscheinung in gleichsam künst-
lerischer Vollendung vor sich sehen kann.

Dies Alles beweist, dass neben der bewussten Denkthätigkeit noch eine besondere Function besteht, welche
die Gestalten nicht etwa aus der Erinnerung auftauchen lässt,
sondern sie jedesmal neu und frei construirt, — eine
Function, die in Betreff des Sehens in den Vierhügeln ihren
Sitz hat und die gleichfalls bei unserem wachen und selbstbewusst ausgeführtem Sehen die Eindrücke verarbeitet und
zusammensetzt und die uns also die Gegenstände formt und
diese Form den Denkzellen zum Erkennen vorhält, selbst wenn
diese in bewusster Weise sich an der Construction mitbetheiligt
haben. Die Denkzellen können die formbildende Function
arbeiten lassen und dabei mitwirken, aber sie können deren

Producte nicht selbst machen, sondern diese Producte nur verstehend aufnehmen und weiter verarbeiten.

Noch erinnere ich daran, dass die visionären, vor dem Einschlafen auftretenden Erscheinungen gerade kurz vor dem wirklichen Beginn des Schlafes, also in dem Zeitpunkte, wo die selbstbewusste Denkthätigkeit sich in die möglichst grösste Ruhe versenken will, namentlich am üppigsten, schönsten und deutlichsten zu entstehen pflegen. Auch oft genug besinnt man sich nachträglich Tage lang, ob, wo und wann man die visionär geschauten Gegenstände wirklich oder doch in vorbildlichem, d. h. irgend wie annäherndem Maasse gesehen habe. Und wenn dann die Erinnerung uns auf eine erlebte Wirklichkeit hinweist, so vervollkommnet sich im höchsten Grade der Beweis, dass in der Vision die bewusste Denkthätigkeit — selbst wenn sie dabei mitwirkte (was allerdings auch bei visionärem Sehen der Fall sein kann) — die gesehenen Dinge nicht selbst anfertigt, sondern dass dies von einer besonderen, der formbildenden Function und zwar für das Sehgebiet wahrscheinlich von der Vierhügelfunction geschieht. Indess der volle Beweis mag sich für Viele erst aus der einstmaligen vollkommeneren Darstellung der noch allzu wenig erforschten Seelenfunctionen ergeben. Fest steht jedoch bereits, dass die bewusste Denkthätigkeit wenig fertig brächte, wenn nicht die Aufnahmsorgane und die Gehirncentra, in denen die sensitiven Nerven endigen, ihr die Vorarbeiten abnähmen und ihr die Arbeit in hohem Grade erleichterten.

Die sogenannte „Association" bezeichnete bisher nicht dasselbe, was wir „formbildende Function" nennen, und doch könnte unter jenem Worte thatsächlich nur Dasselbe gemeint werden. Denn die sogenannten „Vorstellungen" tauchen nicht als solche aus der Erinnerung auf, sondern müssen jedesmal erst gemacht werden, und sie werden von den formbildenden Centralheerden gemacht, soweit das unter dem wirren Worte „Vorstellung" Gemeinte ein von den sensitiven

Nerven ausgehender geformter Nerveneindruck ist, während Gedankenzusammensetzungen, die wir dem „Bewusstsein" vorhalten und die dann ebenfalls leider „Vorstellungen" genannt werden, das Werk der Denkzellen sind. Das Wort „Association" hebt nur die Thatsache der Erinnerung in der Verbindung oder in dem Zusammenhange der geistigen Producte mit einander hervor. Gedächtniss und Erinnerung aber kommen jeder Centralzelle zu, und deren Arbeiten fusst auf ihrem Gedächtniss und Erinnern und ihr Erinnern endlich auf ihrer eigenen specifischen Fertigkeit. Das Erinnern ruft die stattgefundenen Eingrabungen, je nach der Stärke und Weise derselben wach, um sie bearbeiten zu lassen. Gedächtniss und Erinnerung kann man in Wahrheit nur den Zellen, nicht den Nervenfäden zuschreiben; letztere haben nur Gewohnheiten und Abrichtungen. — Die formbildenden Gehirnfunctionen werden von den peripherischen Enden ihrer sensitiven Nerven und auch von den Denkzellen her zum Vollziehen ihrer specifischen Functionen angeregt. — Das Unbewusste sitzt namentlich in allen denjenigen Nervenzellen, die nicht Denkzellen sind. Dasjenige Unbewusste, welches zum Bewusstsein der Denkzellen gelangt, entspringt in den Zellen der formbildenden Organe des Gehirns, in denen die Sinnesnerven und alle jene sensitiven Nerven endigen, die Wahrnehmbares zuführen. Alle diese Nerven sind Erkenntnissnerven. Ein „unbewusstes Bewusstsein" ist ein anstössiger Wort-Widerspruch. Dagegen kann es ein uns unbewusstes Arbeiten der an den Denkzellen haftenden Denkthätigkeit geben, das gleichsam die Vorarbeiten zu demjenigen Denken macht, welches sich selbstbewusst vollzieht, aber nur in seinem Gebiete thätig ist und nicht in demjenigen, das den formbildenden Organen zugehört. Mit dem „Unbewussten" muss man nicht verwechseln das blosse Nichtbeachten des eigenen Thuns und Wissens von Seiten der Denkzellen. Das jedesmalige Bewusstsein oder Bewusstwerden ist stets eine besondere That der Denkzellen,

die zu ihrer Verarbeitung der aus den formbildenden Functionen
ihnen zugeführten Bilder und Zeichen hinzutritt.

Da es schwer ist, sich die formbildenden Functionen des
Gehirns ganz klar zu machen und deren Arbeiten von den
Arbeiten der Denkzellen zu trennen, so will ich noch Folgendes
hinzufügen.

Mit einem gewissen Rechte stiess man sich daran, dass
man sich zur Bewährung der Richtigkeit seiner aus der Erfahrung entnommenen Erkenntniss, also des von einem Gegenstande gewonnenen „Vorstellungsbildes", auf dessen Gegenstand
selbst berief, da ja der Gegenstand nicht in seiner vollen
Wirklichkeit, sondern immer nur unter unserem „Vorstellungs-
bilde" uns erscheint und uns bekannt ist. Jenes hatte auch
der sel. Ueberweg gethan, nachdem er Berkeley's Erkenntniss-
theorie wieder aufgewärmt hatte, aber nicht zur Klarheit in
dieser ganzen Sache gekommen war. Und in der üblichen
dictatorischen Weise hatte er, indem er sich auf den „Gegenstand" berief, etwa gesagt: „Nichts hindert mich, mein Vor-
stellungsbild von einem Flusse mit dem Flusse selbst zu vergleichen." Hierüber wurde nun ein gewaltiges Geschrei
erhoben; aber so wenig als Ueberweg hatten auch die Andern
die Sache verstanden. Klar hingegen wird hier Alles, wenn
man beachtet, dass beim Sehen die Vierhügel die Form, also
in diesem Beispiele das Bild des „Flusses", anfertigen
und dass sie dieses Bild den Denkzellen zum selbstbewussten
Erkennen vorhalten („vorstellen"), — selbst dann, wenn
die selbstbewusste Denkthätigkeit während der Arbeit der
Sehnervenenden und der Vierhügel mitwirkt und aufmerksam
folgt. Bei dem Erkennen eines wirklichen Gegenstandes
haben wir demnach zu unterscheiden: 1) das Ding an sich
dieses Gegenstandes, das uns jedoch formell nicht so sehr
unbekannt bleibt, als man sagt; 2) ein Bild in der Vierhügelfunction (nebst dem Netzhautbilde, siehe meine Schrift:
das stereoskopische Sehen 1873), und 3) die selbstbewusste

Erfassung dieses Bildes durch die Denkzellen. Und die
Denkzellen können sich in der That nur auf das Product der
Vierhügel berufen. Dies hätte Ueberweg sagen müssen; und
da man den richtigen Sachverhalt nicht kannte und zwischen
dem Gegenstande, dem Vierhügel- (oder Vorstell-
ungs-) Bilde und dem Denkbilde noch nicht zu unterscheiden vermochte, so tadelte man das Rechtfertigen des
von einem Gegenstande gewonnenen Vorstellungsbildes durch
Beziehung desselben auf den selbigen Gegenstand und erkannte
darin mit gewissem Rechte eine sich im Kreise bewegende
Rechtfertigung einer Vorstellung durch diese selbige Vorstellung.
Indess auch in anderer Hinsicht beging man hier einen argen
Fehler. Kant hat das „Ding an sich" aufgebracht, und mit
demselben hat man sich bedeutend wirr gemacht, weil man
die Begriffe, deren machende Elemente man kennt, und
diejenigen Begriffe, deren machende Elemente, wie in der
Physiologie und Chemie, man nicht kennt, nicht dabei
unterschied. Von einem „Flusse" kann man viele „machende"
Elemente gewinnen. Bei dem Bilde desselben ist die chemische
Beschaffenheit des Wassers gleichgültig; hingegen Farbe und
Glanz können wir in unseren Augen selbst hervorbringen und
malend beide nachbilden, und die Linie des Flusses, Richtung,
Breite und Einfassung können wir mathematisch hinzufügen.
Mithin ist unser Bild des Flusses einem grossen Theile dieses
„Dinges an sich" getreu nachgebildet, und die Denkzellen
können sich auf das Vierhügelbild und die Vierhügel können
sich mit ihren Nervenenden auf den wirklichen Gegenstand beziehen und berufen; im gewohnten Bewusstsein aber sieht
sich die Denkthätigkeit nur dem wirklichen Gegenstande
gegenüber gestellt.

Hiermit gelangen wir auf das bei der Erkenntniss und
für diese unmittelbar Gegebne. Dies unmittelbar Gegebene sind nicht die äusseren Dinge, die durch die von
ihnen ausgehenden Bewegungen die Sinnesnerven treffen und

dadurch zur Wahrnehmung gelangen. Sondern das für die Erkenntniss, also für die Denkzellen, unmittelbar Gegebne ist das, was die Centralganglien des Gehirns mit ihren Nervenenden aus der erregenden Einwirkung ursächlicher Reize anfertigen, so wie auch das, was diese Centralganglien in ihrem Innern ohne spezifische äussre Reizungen produciren. Solches ist das den Denkzellen unmittelbar gegebne Arbeitsmaterial. Dieses ist das Grundmaterial des Erkennens, und um durch dasselbe eine Erkenntniss zu gewinnen, muss die Denkthätigkeit es zunächst so aufnehmen, wie es ihr in jedem Augenblicke zum Bewusstsein gelangt, also von der formbildenden Function ihr vorgehalten wird. Aber die Erfahrung lehrt sie, dass sie dadurch auch irr geführt und getäuscht wird. Und sie muss daher unter selbstbewusstem Mitarbeiten die Form des Eindrucks in den Centralganglien entstehen lassen und sorgen, dass dabei keine Störung im Nerven- und Sinnesapparat stattfindet oder dieselbe ausgeschlossen wird, und dass sie auch selbst keine störende Auffassung einschiebt. Von Seiten der Sehfunction sind die Helligkeits-, Dunkelheits- und Farbenerscheinungen und ferner die linearen Umrisse nebst Allem, was die Vierhügel hieraus formen, (deren Function übrigens durch die Denkthätigkeit sich von selbst schult, aber durchaus auch geflissentlich geschult werden muss), das unmittelbar Gegebne. Und jede Centralstätte eines Sinnes producirt für die Denkthätigkeit das dieser von jener unmittelbar Gegebne.

Dies unmittelbar Gegebne tritt mit der Gewalt des Ursprünglichen, (minder gut gesagt: „mit der Gewalt einer ursprünglichen Empfindung") auf, also mit der Gewalt eines aus uns selbst neben unsrem Wissen Entsprungenen, mit dem gewaltsamen Zwange des Nichtandersseins, des Nichtanderskönnens von Seiten der Centralganglien, und mit der Macht des Unbegreiflichen auf, das den Denkzellen gebietet, es anzunehmen, wenngleich diese dabei sich auch selbst befehlen, es erst zu prüfen, und an seinem Erforschen sich abzumühen;

und die Denkzellen thun auch letzteres, selbst bis zu der Ver-
zweiflung hin, die sie zu eigenmächtigen Entscheidungen
drängt. — Leicht ist es übrigens nicht, das unmittelbar Gegebne als das Product der Centralganglien scharf festzustellen
und es von dem Erkenntnissproduckte der Denkzellen zu sondern. Was etwa ist das unmittelbar Gegebne beim schein-
baren Aufwärts- oder Rückwärtsbewegen der feststehenden Dinge
während des Blicks auf das bewegte Wasser? Man steht z. B. auf
einer Brücke und schaut in der angemessenen Weise stromab-
wärts, und nach einem Weilchen überrascht uns der Eindruck
und wir bekommen die am ganzen Körper haftende Empfindung
und sogar das deutlichste Gefühl, dass wir mit der Brücke
stromrückwärts uns bewegen. Oder man steht am andern
Rande der Brücke und schaut stromaufwärts, und wiederum
nach einem Weilchen bewegt man sich scheinbar mit der
Brücke ganz unbestreitbar dem Strome entgegen, aufwärts!
In beiden Fällen geht der Schein dem Strome entgegen.
(Siehe hierüber meine Erklärung in Betz Memorabilien). Gewöhnt, uns und das uns Begegnende in der Form des in ent-
gegengesetzter Richtung von einander Weichen-
den aufzufassen, übertragen die Vierhügel diese von ihnen
wieder construirte Gedächtnissthatsache ohne unser bewusstes
Wissen auf uns und die feststehenden Dinge, so wie auf das
fortschreitende Wasser, und somit bilden sie die Form der Aufwärts-
bewegung des Feststehenden dem sich abwärts bewegenden Wasser
gegenüber und halten diese hallucinatorische Form den Denkzellen
vor, — wie veranlasst, so auch fortwährend bestärkt in ihrer
Arbeit durch das beständige Verschwinden der Wellenbilder und
durch ihre kenntnisslose eigne Uebertragung dieser Bilder auf
das gleichzeitig, aber vorherrschender angeschaute Feststehende.

Wie hier ein sehr complicirtes Gefühl, so tritt ebenfalls
als ein unmittelbar Gegebnes das im Contrast zum Roth er-
scheinende Grün uns in's Bewusstsein und übt seine Gewalt
auf uns aus. Und gerade das, in Folge von Erregungen der

Nerven in den Centralganglien ohne unser Wissen davon an-
fertigte Product sollte der Gegenstand des Studiums sein,
um über die uns unbewusst arbeitenden Functionen in's Klare
zu kommen. Statt dessen hat man jedoch das Verhalten des
Bewusstseins zu den Sinneseindrücken allein festgehalten, wie
im psychophysischen Gesetze, und das unmittelbar dem Bewusstsein Vorgehaltene in seiner Bedeutung nicht beachtet, wie in
der „physiologischen Psychologie", weil man den Begriff
„Vorstellung" in dem bisherigen allgemeinen und unbestimm-
ten Sinne nahm und die formbildenden Functionen nicht
unterschied.

Die Denkzellen nehmen das ihnen von den formbildenden
Functionen angefertigte und zugeführte Product wahr und sie
können dann dies ihnen unmittelbar Gegebne, also die Hellig-
keits-, Dunkelheits- und Farbenerscheinungen etc., auch nachträglich mit dem früher Wahrgenommenen derselben Gattung vergleichen und in Bezug auf den Grad vergleichend abschätzen.
Indess dies in Beziehung auf früher Wahrgenommenes und
Erkanntes stattfindende Beurtheilen des unmittelbar Gegebenen
darf man nicht mit der Entstehung und mit dem directen
Wahrnehmen des von den Centralorganen construirten unmittelbar Gegebenen verwechseln. Das „Grün" für sich und im
Contraste ist keine Beziehungserscheinung, wenn man es
auch unter Beziehungen beurtheilen kann. Wir begegnen
hierin einem Hauptfehler in Wundt's physiologischer Psychologie,
(siehe dessen Abschnitt von den Farben) und erblicken die
Ursache dieses Fehlers in der ganzen Auffassung, zu welcher
sich Herr Wundt hat verleiten lassen. Nicht „Urtheils-
täuschungen" wie Herr Helmholtz meinte, und nicht „Be-
ziehungserscheinungen" wie Herr Wundt die Helmholtzsche
Ansicht berichtigen wollte, sind die Contrasterscheinu-
ungen der Farben. Sondern die Contrastfarben sind hallucinatorische Erscheinungen, und beim Wahrnehmen
der Farbenerscheinungen muss man die hallucinatorisch und

die objectivreal gesehenen Farben wohl unterscheiden. Hallucinatorisch gesehene Farben sind solche, welchen keine augenblickliche Anwesenheit von Aetherwellen mit zutreffender
Wellenlänge entspricht, sondern die aus Erregungszuständen in
Folge andrer Farben entstehen. „Hallucinatorisch" aber ist Alles,
was bloss aus den Centralganglien der Sinnesnerven entspringt,
ohne den Denkzellen zum Erkennen eines abgebildeten An-
wesenden zu dienen. Alles Solche bis zu den (nicht mit anderen,
zwar ähnlichen, aber dennoch anders beschaffnen, Erscheinungen
zu vermengenden) Farbencontrasten herab ist hallucinatorisch,
obgleich es selbst den Denkzellen zum Erkennens eines Scheins
dienen kann; d. h. es ist das Product des blos unbewussten
Arbeitens der Centralganglien, blosse Erregung und Erregungs-
product der uns und sich selbst unbewusst specifisch arbeitenden Thätigkeit dieser centralen Endgebilde. Die Erscheinungen
dieser Art sind sehr zahlreich und drängen sich mit Macht
in und zwischen die Erscheinungen des wachen und selbstbewusst thätigen Geisteslebens, so dass ihr Erkennen wohl
schwer fallen kann, wie ja auch die Geschichte der Theorie
der Farbencontraste beweist. Die Farbencontraste sind somit
nur ein Theil eines sehr umfangreichen Gebiets, das ein lautes
Zeugniss von dem selbständigen Arbeiten geistiger Functionen
diesseits der Denkzellen giebt.

Für uns handelt es sich übrigens nur darum, die bisher
sogenannte „Vorstellungsthätigkeit" in das richtige Licht zu
stellen und darzuthun, was allein unter derselben gemeint sein
konnte und verstanden werden muss. Wir haben daher über
die formbildende Function der Centralganglien etwas ausführ-
lich reden müssen, zumal unsere Auffassung derselben noch
unbekannt ist und eine ähnliche Auffassung noch nicht existirt.
Nicht also die bewusste Denkthätigkeit construirt die elementare
Form der Eindrücke, sondern diese werden bereits den Denkzellen
in specifischer und characteristischer Form überreicht (vorgehalten, „vorgestellt"), und sämmtliche Gesichtserscheinungen

werden sogar von den Vierhügeln und innerhalb derselben zu den bekannten Gestaltungen gemacht, in welchen sie uns bekannt sind. Gebunden ist die erkennende Denkthätigkeit an die Eindrücke der Nerven von aussen und an die hieraus ihr unbewusst von anderen Functionen neben ihr im Gehirn gemachten Gestaltungsformen.

IV.

2. Die Denkthätigkeit oder das Hervorbringen von einheitlichen Ganzen aus den Geistesproducten. — Wahrscheinlich haften die Gefühlsthätigkeit und die Denkthätigkeit an einem und demselben Gewebe, so dass für beide zusammen nur ein Organ existirt und somit der gesammte Geistesapparat nur aus zwei Theilen besteht, nämlich aus dem so eben besprochenen formbildenden sensoriellen Centrum in seinen verschiedenen Arten, und aus der geistig fühlenden oder mit bestimmten Charaktereigenschaften begabten Denkzelle. Die Thatsachen erfordern jedoch, dass wir die Function der Denkzelle in die der Denkthätigkeit und in die der geistigen Gefühlsthätigkeit unterscheiden.

Die Denkthätigkeit ist gegen die directe Berührung von Seiten der Aussenwelt abgeschlossen. Was von aussen zu ihr gelangen will, das muss mittelst der Sinnesorgane und und der sensitiven Nerven durch das formbildende sensorielle Centrum zu ihr gelangen. Der Inhalt oder das Arbeitsmaterial, die Erregungen der Denkthätigkeit stammen daher 1) hauptsächlich aus den geformten Eindrücken, welche die Sinnencentra anfertigen und der Denkthätigkeit vorhalten, soweit diese dieselben aufnimmt; demnächst 2) aus der geistigen Gefühlsthätigkeit, und endlich 3) aus der eigenen That der Denkthätigkeit und 4) aus den eigenen Arbeitsproducten, die sie aus den zu ihr gelangenden Erregungen der Sinnescentra und der Gefühlsthätigkeit anfertigt. Wenn man demnach

ausscheidet das, was der eigenen That der Denkfunction angehört, z. B. das Selbstbestimmen und dessen Erkenntniss,
so stammt der ganze Inhalt der Denkthätigkeit aus dem, was
unabhängig von ihr schon gegeben ist. Sogar die eigene
That, das Selbstbestimmen, welches die Denkthätigkeit allerdings selbst ausführen muss, hat sie sich nicht selbst gegeben, und
sie weiss nicht, woher sie die eigene That hat und auch nicht,
woher sie selbst stammt, was Alles sie erst auf reiferer Stufe zu
erforschen sucht. Das gesammte Material des Denkens ist
somit der Denkthätigkeit schon gegeben und vorgezeichnet. Und dies Material ist auf den ganzen inneren Menschen
und fast auf das ganze Weltall gerichtet. Aber obwohl es
auf das ganze Gebiet des Vorhandenen gerichtet ist, so fehlt
doch aus diesem unermesslichen Gebiete sehr Vieles der
Denkthätigkeit, das nicht oder doch bis jetzt noch nicht
Arbeitsobject derselben werden kann. Ihrem ganzen Wesen
nach, wie nach der Beschaffenheit ihrer Zufuhrsquellen, ist
ihr nur ein Theil des Gegebenen zum Wahrnehmen bestimmt.
Sie verrichtet die ihr eigenthümliche Function und vollzieht
ausserdem und zwar in Verbindung mit der geistigen Gefühlsthätigkeit die Aufgabe einer Centralfunction, so dass es einer
besonderen „centralen" Function zur Ueberwachung und Leitung
der gesammten Geistesthätigkeit nicht bedarf. Das zu diesem
Behufe bisher aufgestellte Bewusstsein liegt bereits in der
Denkthätigkeit und gehört unerlässlich zu dieser.

Die eigenthümliche Function der Denkthätigkeit
besteht darin, dass sie die bereits geformten Erregungen, die
von Seiten der formenden sensoriellen Centra und der Gefühlsthätigkeit auf sie übertragen werden, erkennt und versteht
und dieselben in einer neuen Weise bearbeitet. Das Wesent-
liche dieser Bearbeitungsweise ist die Bildung eines einheitlichen Ganzen aus den einzelnen auf sie übertragenen
Erregungen. Zum einheitlichen Ganzen gelangt sie durch
Gewinnung der machenden oder doch zusammensetzen-

den Elemente, und durch deren Aufsuchung gelangt sie auch zur Herkunft und zum Zusammenhange des Gegebenen. Das Product hiervon ist das erklärende Verständniss. Mittelst dieses Verständnisses wird die Denkthätigkeit eine Function, welcher sich die äussere Natur, ihre eigene Thätigkeit und das Arbeiten der beiden anderen geistigen Functionen, aber dies Alles nur bis zu einem gewissen Grade, erschliessen, so dass ein vollendetes Verstehen des Gewordenen ihr nicht verstattet zu sein scheint. Mit diesem „Verstehen" tritt in der That eine neue Function oder vielmehr ein neue Kraft in dem Gehirne auf, denn man kann das sich hier bethätigende Arbeiten auf keine andere Function zurückführen. Allerdings liegt in den geformten Erregungen, welche die mehrfachen sensoriellen Centra auf sie übertragen, eine mächtige Beihülfe. Indess die Denkthätigkeit erfasst diese Erregungen sofort in suchender, unterscheidender, zergliedernder und ihre eigenen Unterscheidungen wieder zusammensetzender Weise. Und vollzieht sie diese Arbeit auch noch so dürftig, so lässt sich doch das Eigenthümliche dennoch schon erkennen, bis dasselbe durch Uebung, nöthigende Veranlassung und Erfahrung mehr hervortritt und endlich in seiner ganzen Grösse sich entfaltet.

Auch die Denkthätigkeit ist eine Zwangsfunction. Sie muss denken d. h. einheitliche, einfache oder zusammengesetzte Ganze aus ihren Erregungen machen. Und sie thut dies unbewusst und unwillkürlich, bis sie lernt, es selbstbewusst, willkürlich und mit Lust zu thun. Um so weit zu gelangen, wie auch um überhaupt ihre Aufgabe zu lösen, muss sie viele Eigenschaften theils ursprünglich haben, theils aus sich heraus entwickeln und sie ausbilden.

In Betreff dieser Eigenschaften kommt vor allen Dingen das Verhalten der Denkthätigkeit oder der Denkzellen zu den Reizungen oder Anregungen in Betracht. Alles Organische ist reizbar, und auch sämmtliche geistige Functionen stehen

unter dem Gesetze der Reizbarkeit. Der geeignete Reiz
erweckt die vorhandene Thätigkeit. Mit der Zugänglichkeit
für Reize ist aber auch der Wechsel des Reizzustandes, der
jedesmaligen Erregung und Thätigkeitsäusserung, und mit dem
Wechseln des Erregungszustandes ist die Befreiung von der
gerade haftenden Erregung gegeben. In der Befähigung, den
Reizzustand zu wechseln, liegt mithin die erste Bedingung der
Freiheit.

Reize aber sind Ursachen, und den Ursachen bleibt
alles Gewordene unterworfen. Ohne Ursache kann auch die
geistige Thätigkeit nicht wirken. Gegen die einwirkenden
Reize ist Manches durch seine specifische Unempfindlichkeit
geschützt. Die Denkthätigkeit hat jedoch noch eine besondere
Befähigung, um sich gegen Erregungen zu schützen. Sie kann
sich nämlich auf eine Erregung beschränken und in Folge
dessen sich gegen andere Erregungen unempfänglich machen.
Dies Beschränken geschieht mittelst des sogenannten Ab-
strahirens, (das bei der Gewinnung der Begriffe seine
grosse Rolle bereits in der Logik spielt.) In diesem Abstrahiren
von allem Anderen und Beschränken auf ein Einzelnes tritt
schon die ganze grosse That hervor, zu welcher die Denkthätigkeit fähig ist. Solche Befähigung haben die formenden
Sinnescentra und die Gefühlsthätigkeit nicht; diese Functionen
müssen den Erregungen, welche sie treffen, mit sogenannter
Naturnothwendigkeit folgen, und ein Reiz hebt hier den
andern auf oder verdrängt ihn, jedoch kann die Denkthätigkeit auch den in diesen beiden Functionen bestehenden Erregungszustand festhalten oder verscheuchen. Nur die
Denkthätigkeit kann sich und dadurch auch die beiden anderen
Functionen auf einen bestimmten und ausschliesslichen Reiz
beschränken.

Dies Beschränken (oder Abstrahiren) geschieht bereits,
bevor die Denkthätigkeit dies ihr Verfahren beachtet, erkennt
und willkürlich ausübt; durch Uebung entwickelt es sich zu

der mächtigen Erscheinung des Wollens. Indess ohne
Ursache kann die Denkthätigkeit dies Beschränken auf einen
einzelnen Reiz auch nicht bethätigen, und die Denkthätigkeit
muss sogar streng den Ursachen folgen. Kann sie aber auch
nicht aus absolut eigener That ohne veranlassende Ursache
sich auf eine einzelne Erregung beschränken, so hat sie doch
die Fähigkeit, dies zu können in Folge einer vorhandenen,
veranlassenden und von ihr ergriffenen Ursache, was gegenüber von der grossen Zahl der auf alle Functionen wirkenden
mannigfaltigsten Reize keine andere Function und keine
andere Zelle als die Denkzelle vermag. Eine veranlassende
Ursache, um sich auf eine einzelne Erregung, also z. B.
auf ein einzelnes, von einem Sinnencentrum ihr vorgehaltenes
Bild oder auf einen Theil desselben zu beschränken, kann in
der Stärke des Reizes liegen, auch darin, dass die Denkthätigkeit noch nicht jeder Erregung genügend zu folgen
vermag, um in ihrer Bearbeitung zu einem Verständnisse zu
gelangen. Jedoch wenn dergleichen Nebenumstände nicht
die Veranlassung geben, so wird die Denkthätigkeit zur Beschränkung auf einen einzelnen Reiz durch irgend eine Gefühlsregung von Seiten der geistigen Gefühlsthätigkeit
angetrieben, an welche nun einmal die Denkthätigkeit mit
mächtigen, unlösbaren Banden geknüpft ist und die ja mit
der Denkthätigkeit wahrscheinlich an einer und derselben
Zelle haftet. Und solche Gefühlsregungen machen sich sogar
dann geltend und geben den Ausschlag, selbst wenn blosse
Nebenumstände die Beschränkung auf eine einzelne Erregung
veranlassen und dieselbe allein zu bedingen scheinen.

Die Denkthätigkeit kann sich also hinrichten zu einer
Erregung, sich ablenken von einer anderen Erregung und sich
selbst beschränken auf einen in ihr entstandenen Erregungszustand, aber immer nur in Folge einer Veranlassung, mit
deren Hülfe jedoch aus eigener That. Mit der Existenz dieser
Befähigung ist übrigens nur erst wenig genützt, wenn sich

diese Befähigung nicht zu einer hohen Stärke entwickelt und nicht in selbstbewusster Reife sich bethätigt.

Zu dieser Befähigung der Denkthätigkeit kommt aber noch hinzu das bisher gar nicht beachtete Selbsterregen der Denkthätigkeit durch ihre eigenen Thätigkeitsproducte, — ferner das Selbstbestimmen, das Bewusstwerden und das Wollen, ausserdem das Gedächtniss mit dem Erinnern. Und mit diesen Befähigungen vervollständigt und vervollkommnet sich die Denkthätigkeit und erlangt durch sie die Vielseitigkeit und Reife, die sie bei sonst guter Beanlagung und bei fleissiger Uebung zu erlangen fähig ist.

Fortwährend erregt durch die mannigfaltigen Producte der die Eindrücke formenden Sinnescentra, sowie von Seiten der ebenfalls unablässig thätigen geistigen Gefühlsfunction, wird die Denkthätigkeit auch durch ihre eigenen Arbeitsproducte, durch die Gedanken, welche sie aus den auf sie übertragenen Erregungen angefertigt hat, sowohl durch die gedächtnissartig aufbewahrten Gedanken, als auch durch jede augenblicklich gewonnene neue oder richtigere Erkenntniss, erfolgreich angeregt. Und diese Thatsache wird für die Denkthätigkeit selbst, wie für das ganze geistige Leben, von der grössten Wichtigkeit. Denn die Denkthätigkeit schafft in ihren Gedanken neue Ursachen und schiebt somit oder kann doch jeden Augenblick neue Ursachen einschieben in den Kreis der Ursachen, die sie von Seiten der Sinnescentra und der geistigen Gefühlsthätigkeit fortwährend bedrängen. Und stammen die Thatsachen zu diesen neuen Ursachen (Gedanken) auch aus denselbigen Quellen, aus welchen sie alles Material bezieht, so sind es doch neue, andere und vielleicht gar richtigere oder zweckmässigere Ursachen, oft freilich auch verderblichere, die sie einschiebt. Mit diesen eingeschobenen Ursachen aber durchbricht sie die Naturnothwendigkeit, die auch ihr und der gesammten Geistesthätigkeit gesetzt ist! Sie durchkreuzt die Ursachen, die zu ihrem Handeln

vorliegen oder die sie sogar selbst hierzu zusammengetragen hat!
— Es sieht dies freilich Alles gar sehr als „sich von selbst
verstehend" aus, (um diesen sehr vorlauten und bequemen
Ausdruck hier auch zu gebrauchen, allerdings nur um seine
Verwerfung zu fordern.) Denn die Denkthätigkeit macht beständig aus ihren Erregungen Gedanken und verwendet fortwährend ihre und nur ihre Producte, wie sehr diese auch
Entlehntes enthalten. Indess dies Anfertigen oder Verwenden
anderer, neuer Gedanken zur rechten Zeit hat doch auch seine
Schwierigkeiten, welche die Denkthätigkeit dabei überwinden
muss. Und dieses Einschieben neuer Gedanken in den Kreis
der Ursachen, auf der Grundlage der Fähigkeit den Reizzustand
wechseln zu können, macht die Freiheit des Menschen
aus trotz der gegebenen Naturnothwendigkeit und trotz des
strengen Gebundenseins an alle Gesetze des ursächlichen Geschehens. Wohl ist diese Freiheit eine beschränkte, und sie
wird durch manche Thatsachen noch mehr beschränkt. Indess
der Mensch kann doch nun einmal sich ablenken von Etwas,
hinlenken auf etwas und sich an seine eigenen, neu eingeschobenen, neu angefertigten Denkproducte anklammern.
Und was die Denkthätigkeit zu leisten vermag, das kann sie
auch vervollkommnen.

Da die Denkthätigkeit sich durch ihre eigenen Arbeitsproducte selbst erregen kann, so kann sie sich auch selbst
bestimmen, und wer anders sollte diese unzugängliche
Function zu einer Handlung bestimmen, als sie sich selbst?
Aber sie muss hierbei in ihrem erworbenen Inhalte jedesmal
eine Handhabe besitzen, die sie ergreift und von welcher sie
sich ergreifen lässt. Doch diese Stütze oder Veranlassung
ihrer jedesmaligen Richtung, also ihre Thätigkeitsveranlassung,
kann sie auch wählen, da sie unterscheiden kann.
Sogar wenn die Denkfunction noch so unthätig sich den Erregungen aus den sensoriellen Centren oder aus der geistigen
Gefühlsfunction hingiebt, so muss sie doch, sobald sie ihnen folgt,

sich in diese Erregungen denkend einlassen, sich zu ihnen selbst hinrichten und von Anderem selbst sich ablenken. Mit welcher Energie dies noch geschieht, dies ist noch Nebensache. Genug, dass es geschieht. Soll aber hierin Grosses geschehen, so muss diese Fähigkeit geübt sein, und es muss auch Grosses der Denkthätigkeit vorgehalten werden. Das Grosse aber hat sie nicht von selbst, sondern sie muss es von den sensoriellen Centren und von der geistigen Gefühlsthätigkeit empfangen. Diese Functionen aber empfangen es wieder aus den Einwirkungen der Aussenwelt. Die Denkthätigkeit ist nur fähig, sich auch für die grossen Erregungen zu bestimmen, die sie empfängt, und hohe Gedanken aus denselben anzufertigen, auf welche sie dann sich stützt. — Aus den naturnothwendigen Folgen einerseits der elementarsten Anlage für Reize und anderseits der empfangenen Erregungen geht schliesslich die eigene That hervor. Indess hinter dieser steckt auch noch das geistige Gefühl, von welchem wir später reden.

Eine geheimnissvolle Erscheinung ist den Menschen das Bewusstsein gewesen, und sie haben es daher an die Spitze aller geistigen Erscheinungen gestellt und in ein besonderes Organ versetzt. Seiner Form nach ist aber nur: das Erkennen dessen, was laut genug in der Denkfunction geschieht, — das Wiederwahrnehmen der eigenen Arbeitsproducte in der Reihenfolge ihres jedesmaligen Entstehens. Nicht kann jedoch die Denkthätigkeit ihre eigene Wesenheit wahrnehmen oder erkennen und auch nicht das Wesen der Gefühlsthätigkeit und der sensoriellen Centra. Sondern sie kann nur die zur genügenden Stärke gelangten und auf sie übertragenen Producte dieser beiden Functionen und die ihres eigenen Arbeitens wahrnehmen, wenn sie selbst wachsam ist und alle Bedingungen günstig sind. Und dieses Wahrnehmen ist das Bewusstwerden. Auch nicht das Entstehen der Gedanken, deren Werden und Hervorgehen unter der moleculären Bewegung innerhalb der Denkzellen kann die Denkthätigkeit wahrnehmen. Sondern dies Entstehen und ferner das Bewusstwerden oder vielmehr Bewusstmachen können bloss zusammenfallen, und beide müssen zusammenfallen, wenn man aus dem sich vollziehenden Denken ein bleibendes Resultat behalten will, das überdies nur dann ein geordnetes und möglichst richtiges ist, wenn die Denkthätigkeit dabei ihre eigenen Producte und deren Zusammensetzung auf ihre Richtigkeit und Wahrheit sofort erfolgreich prüft, was ohne gleichzeitige Betheiligung der entsprechenden geistigen Gefühle nicht möglich ist. Das Bewusstwerden oder jedesmalige Sich-bewusst-machen der Denkthätigkeit dessen, was sie hervorbringt, ist demnach nur eine Folge-Erscheinung, und wichtiger als dasselbe ist das, was als Ursache und Bedingung dahinter steckt.

Immer aber ist das Bewusstwerden eine hohe Erscheinung, einzig in der gesammten Natur und durch keine andere Thatsache übertroffen, als durch das in den Denkzellen vor sich gehende Verstehen und Beziehen der Erregungen und durch das Wesen der Denkthätigkeit selbst. Durch das Bewusstwerden gelangt die Denkthätigkeit auf ihre volle Höhe und wird zu ihrem hohen Berufe erst wahrhaft befähigt, auch für das Individuum, in welchem sie wohnt, erst nutzreich. Je stärker die Denkthätigkeit beanlagt ist, um so kräftiger ist auch das Bewusstsein und um so beständiger, wacher, wissender und Alles berücksichtigender ist das, selbstbewusste Denken. Es kann wohl nicht befremden, dass eine Function, welche einheitliche Ganze aus den auf sie übertragenen Erregungen anfertigt, — einheitliche Bildungen, die bald das Wesen, bald den Sinn des Gegebenen, wie wir es erfassen sollen, zu treffen vermögen, — und welche im unterscheidenden Zergliedern der zu ihr gelangenden Erregungen so sehr mächtig ist, auch ihre eigenen vollbrachten Bewegungen und ihre Arbeitsproducte wieder wahrnimmt. Und ist die Denkthätigkeit nun einmal so sehr begabt und beanlagt, wie es wirklich der Fall ist, bildet das verstehende Wahrnehmen ihre elementare Aufgabe, und nimmt sie die Producte der beiden anderen Functionen wahr, warum sollte sie ihre eigenen Producte nicht wahrnehmen, zumal mit diesem blossen Wahrnehmen noch gar kein Eindringen in das Entstehen des Geistigen gegeben ist? Das Bewusstwerden ist mithin nur eine Art des Wahrnehmens, so dass es sich stets nur um das Geheimniss des Wahrnehmens selbst handelt. Und unzureichend ist es auch, dies Geheimniss etwa aus der höher gesteigerten Nervenfunction oder aus der grösseren organischen Feinheit der Denkfaser, aus einem höheren Grade der Reizbarkeit derselben, aus einer schärferen physikalischen Einrichtung, um auch für das Feinere und Kleinere eines Ganzen empfänglich zu sein, oder aus einer unbekannten Modification der elektrischen Erregung zu erklären. Denn immer liegt eine Beschaffenheit der Denkthätigkeit bei dem verstehenden Wahrnehmen vor, die sich bis jetzt noch gar nicht bezeichnen lässt und in welcher auch das Machende selbst liegen muss.

Mit dem Bewusstwerden lässt man die Lehre von den geistigen oder psychologischen Erscheinungen im Gegensatze zu den physiologischen beginnen; das Geistige jedoch muss weiter zurück in das Unbewusste verlegt werden. Und es liegt wirklich schon in den Centralganglien der Nervenenden und beginnt in dem Zusammenarbeiten dieser Centralheerde (mittelst ihrer Nervenenden) mit den einwirkenden Reizen. — Es liegt etwas Bezeichnendes darin, dass man vorzugsweise vom Bewusstsein oder Bewusstwerden und viel weniger vom Bewusstmachen spricht, und es beruht dies darauf, dass die Denkthätigkeit sich allzu passiv in Bezug auf das Erlangen eines Bewusstseins von ihren eigenen Producten zu verhalten pflegt. Es wird ja auch das Bewusstwerden meistens nur oberflächlich vollzogen, so dass die Denkthätigkeit durchaus nicht stets gedächtnissartig ihr eigenes Wahrnehmen in die Denkzellen geflissentlich eingräbt, vielmehr

dies Eingraben vergessend gern unterlässt und daher dann
das eigene Thun späterhin nicht mehr weiss, ähnlich wie sie
viele Gefühlsregungen und Bilder der sensoriellen Centren
wahrnimmt und es sofort nicht mehr weiss, weil sie sich
dieser Erscheinung nicht genug bewusst gemacht hat. Daher erscheint vieles Thun der Denkthätigkeit wie ganz unbeachtet oder gar wie unbewusst oder höchstens nur wie
bloss augenblicklich bewusst, so dass das „Bewusstsein" häufig
genug gar nicht als Kriterium der „Geistesgegenwart"
dienen kann. Und alles Bewusstwerden ist überdies nicht
viel werth, wenn es nicht die wahrhaft eigene, überzeugungs-
volle und gewissenhafte That oder das Selbstbewusstwerden
eines überzeugungsvollen und gewissenhaften Denkactes ist,
wodurch es erst für die freie und verantwortliche Handlung entscheidend wird. In dem Bewusstwerden oder vielmehr
in dem eigenen Bewusstmachen liegt der Anfang und die
Nothwendigkeit der Gewissenserscheinungen. Je kräftiger die Denkthätigkeit ist, um so kräftiger vollzieht sich
allerdings selbst das passive Bewusstwerden. Doch solches
passive Bewusstwerden beeinträchtigt die volle That des
Denkens, zumal selbst die begabteste Denkthätigkeit in beständiger und kräftiger Uebung erhalten sein will und leider
gerade die Bethätigung der Denkfunction bei allen Menschen
meist allzu dürftig und träge ist, so dass sich dieselbe nur
im Versenken in die Gefühlsregungen und im Anschauen oder
Angaffen der von den sensoriellen Centren angefertigten Bilder
und Zeichen ergeht und hiermit das Tagewerk abläuft. —
Alles Erinnern ist ein Bewusstwerden des früher Gethanen
und in die Denkzellen Eingegrabenen, jedoch durch Vermittlung der Denkzellen auch ein Wiedererwachen dessen, was
in den sensoriellen Centren und in der Gefühlsfunction eingeprägt ist, so dass man unterscheiden muss, was als ein
früher Vorhandengewesenes aus jeder der drei Functionen
wieder erwacht; — und dann erkennt man, dass das „Ge-

dächtniss" der Denkzellen gerade am wenigsten mit Erworbenem ausgestattet ist.

Das Wollen endlich, wie es den Menschen im Sinne liegt, ist auch eine Eigenschaft und ein Act der Denkthätigkeit, jedoch ein Act, den diese im Dienste treibender Gefühle vollbringt, nachdem sie sich für oder gegen ein Gefühl entschieden hat. Und dies Wollen hängt mit „Wahl" und mit „wohl" zusammen. Um dieses Wollen zu vollziehen, muss die Denkthätigkeit die geschilderten Befähigungen schon besitzen, also namentlich sich von Reizen ablenken oder sich zu ihnen hinrichten und sich auf einen Erregungszustand beschränken können, um in dessen Dienste zu arbeiten, — in der elementarsten Weise also ähnlich, wie die organische Faser dem Reize folgt, der sie trifft, nur mit dem Unterschiede, dass die Denkzelle auch in ihrer primitivsten Thätigkeit schon das ihr eigenthümliche Erkennen und Verstehen und zwar in einer für sie selbst vernehmbaren Weise bethätigt. Und solches Hinrichten auf einen Reiz oder solches Folgen einem Reize ist noch nicht das von den Menschen gemeinte „Wollen", ebenso wenig als die Pflanze beim Befolgen einer Reizwirkung schon ein Wollen und Streben hat, das ihr nur in bildlichem Sinne beigelegt werden kann. Man muss daher das Hinrichten der Denkthätigkeit auf einen Gegenstand in Folge eines blossen Reizes, (der mit seiner Wirkung nun einmal unerlässlich ist, da sich an der Denkthätigkeit durchaus und stets nur ein ursächliches Geschehen vollzieht), wohl unterscheiden von dem Hinrichten auf ein erdachtes Ziel in Folge einer Gefühlserregung, welche durch das Denken zu einem Gefühlsbeweggrunde wird. Letzteres ist das von den Menschen gemeinte „Wollen". Und das gleichzeitig vorhandene treibende Gefühl erweckt dann in der Denkthätigkeit eine Stimmung und Entscheidung, die, verbunden mit jenem Gefühle, das „Begehren" oder „Verabscheuen" genannt wird. In dem Wollen liegt die Anerkennung eines Gefühlsdranges

und seiner Rechte, und indem die Denkthätigkeit diesem
Drange und seinen Rechten zu willfahren sucht, macht sie
sich dessen Befriedigung zur Aufgabe und sucht die Ursachen,
Bedingungen, Mittel und Gelegenheiten auf, um dem treibenden Gefühle zur Befriedigung zu verhelfen.

Das Wollen ist demnach das Arbeiten der Denkthätigkeit
im Dienste eines geistigen Gefühls, und es ist die höchste
That, die sie mittelst ihrer elementaren Eigenschaften vollbringt. Alle genannten Eigenschaften und Fähigkeiten ver-
einigen sich in dieser That und steigern sich überdies in
derselben zum Beharren, zum Anstrengen, zum aufopferungs-
vollen Bemühen, zum Kampfe und zum freiwilligen Leiden,
um das festgestellte Ziel zu erreichen. In dem Wollen erst
erreicht die Denkthätigkeit ihre jedesmalige volle Höhe und
entwickelt ihre ganze Grösse, zumal sie m i t t e l s t i h r e r
E r k e n n t n i s s noch die Fähigkeit hinzubringt, sich im mög-
lichsten Grade von allen Hemmnissen f r e i zu machen. Diese
hohe Stufe der Denkthätigkeit würde sogar auch dann bestehen, wenn die Denkthätigkeit rein mechanisch nach blosser
Naturnothwendigkeit arbeitete; denn sie müsste auch dann
durchaus ihre Aufgabe lösen und selbstbewusst mit eigener
That dem vorgeschriebenen Gange und Zwange folgen. Indess,
sie s c h i e b t in ihre eigene Naturnothwendigkeit ihre eigenen
Erkenntnisse und hiermit also Thatsachen von ursächlicher
Gewalt e i n und erhebt sich dadurch ü b e r den Zwang.
Immer jedoch bedarf die Denkthätigkeit zu jeder ihrer Bewegungen auch einer Ursache, und so hoch sie sich im Aus-
üben des Wollens darstellt, so steht daher hierbei hinter ihr
das t r e i b e n d e geistige Gefühl. Somit erhebt sich die Frage,
was das H ö h e r e sei: der erkennende Νοῦς oder das aus
der Denkzelle heraus sich erhebende Gefühl?

Wir haben bis hierher die Eigenschaften und Befähigungen der Denkthätigkeit kurz erwähnt und müssen noch das
andeuten, was sie mittelst dieser Eigenschaften v o l l b r i n g t.

Wir sagten, dass die Denkthätigkeit (trotz der auch directen Leitung zum Grosshirn) nur mit den formenden, mehrfachen und zer-
streuten Sinnescentren und mit der an ihrer eigenen Zelle haftenden
Function der geistigen Gefühle in Verbindung steht, so dass sie
nur durch Vermittlung der Sinnescentren mit der Aussenwelt
und mit dem menschlichen Körper in Verkehr ist. Ihre specifischen
Erregungen kann sie daher nur von jenen beiden Functionen und
aus ihrem eigenen Inhalte bekommen, und wenn auch Alles, was
im Blute kreist oder mechanisch vom Gehirn und Schädel her auf
die Denkzelle wirkt, sie beeinflusst, so kann ihre Thätigkeit hier-
durch zwar gesteigert oder unterdrückt werden, aber specifische
Erregungen, wie man sie dem Thee und Weine, der Belladonna,
dem Haschich etc. etc. zuschreibt, kommen dadurch noch nicht
zu Stande, sondern die eigenthümlichen Folgen jener Einflüsse
an der Denkthätigkeit entstehen auch dann erst durch die Vermittlung der dabei in den sensoriellen Centren und in der
Gefühlsthätigkeit (welche beide übrigens stets gleichzeitig von
jenen fremdartigen Einflüssen berührt werden) bestehenden
oder sich entwickelnden Zuständen. — Auch bloss auf diese
beiden Functionen kann die Denkthätigkeit wirken, und auf sie
wirkt sie bei der Lösung ihrer Aufgabe.

Diese Aufgabe ist: a) von jenen beiden Functionen
Erregungen zu empfangen und geflissentlich zu ent-
nehmen und das Aufgenommene zu verarbeiten; b)
jene Functionen zu leiten und zu erziehen; und c) Gedachtes mit Hülfe derselben auszuführen.

a) Die Denkthätigkeit erfasst die Erregungen, die sie
von den beiden andern Functionen empfängt und oft geflissentlich wachruft, und sie verarbeitet sie zu einheitlichen
Ganzen. Diese haben mit dem Worte „Begriff" eine pas-
sende Bezeichnung erhalten. Beginnend mit irgend einem
Merkmale, das sie von einer Erscheinung erfasst und das an-
fangs ihre gesammte, von einem Objecte herstammende Erregung vertritt, schreitet die Denkthätigkeit fort zur Bildung

ihres Zeichens für das, worauf sie sich bezieht, sammelt die Merkmale zur Vervollständigung des Zeichens, gibt den festen Namen und gelangt zur Einzel-Vorstellung, zur allgemeinen Vorstellung und endlich zum Begriffe. Die Begriffe sind entweder vollendete, sofern sie die machenden Elemente in richtiger Weise enthalten, oder sie sind nur erst allgemeine Vorstellungen, wenn sie bloss aus beschreibenden Merkmalen gebildet sind. Die einheitliche, gegliederte Zusammensetzung eines Ganzen aus seinen Theilen ist die allgemeine Form sämmtlicher Produkte der Denkthätigkeit, und die Urtheile und Schlüsse sind nur Begriffsverbindungen, um stets ein einheitliches Ganzes zu haben. Die Denkthätigkeit bewegt sich nicht etwa und arbeitet nicht etwa in allgemeinen Vorstellungen, Begriffen, Urtheilen und Schlüssen, sondern ihr Arbeiten ist oder sollte vielmehr stets sein das beständige Produciren von einheitlichen Ganzen in der Form von allgemeinen Vorstellungen, Begriffen, Urtheilen, Schlüssen und grösseren Zusammenfügungen dieser Denkformen, dergestalt, dass sie sich gar nicht in den fertigen Denkprodukten bewegte, sondern diese jedesmal als neu aus ihren Quellen hervorbrächte. Soweit die Denkthätigkeit des Menschen nicht geflissentlich unter Hervorbringung von einheitlichen Ganzen arbeitet, nähert sich seine geistige Thätigkeit derjenigen des Thieres; doch liegt in den Denkproducten des Menschen immer irgend etwas Allgemeines, auch wenn er es noch nicht zum Bewusstsein gebracht hat und mithin noch nichts davon weiss.

Das einheitliche Ganze wird durch die ihm gegebene Zerlegung und Durchsichtigkeit und durch die geordnete Zusammenfügung seiner Theile sehr geeignet zum Gebrauche. Indess diese zweckmässige Beschaffenheit ist ursprünglich, bevor sie erkannt wurde, die gar nicht einmal selbstbewusst beabsichtigte Frucht der Denkfunction, sondern es offenbart sich in dem Anstreben und Anfertigen von Ge-

dankeneinheiten die ganze gewaltige Kraft des angeborenen
Drangs und Zwangs zum „verstehenden Erkennen," wie wir
diese Arbeit zu bezeichnen suchen, ohne sie erfassen zu können.
— Mit Gewalt trachtet die Denkthätigkeit, indem sie die
Theile und das Ganze, das Erste und das Zweite, die Ursache und die Folge unterscheidet, nach dem Machenden
in jedem Dinge, zunächst gleichsam verleitet durch ihr eigenes Machen, das doch wiederum denselben geheimnissvollen
Ursprung hat. Ueberdies will sie nicht nur die gerade sich
aufdrängende und oft dabei ganz unerlässliche Kenntniss, sondern die Kenntniss auch alles Gewordene erringen, unaufhör-
lich endlich nach Wissen strebend und in der That nicht mehr
zu befriedigen, sobald einmal der Wissensdrang ganz erwacht ist. Doch dann steht die Denkthätigkeit auch schon
in der Macht der vollen Gluth der sie treibenden Gefühle,
und es gehört die Wissbegierde ihr nicht ausschliesslich,
sondern auch den geistigen Gefühlen und namentlich dem
Wahrheitsgefühle an. Es gibt keine Erkenntniss und
kein Wissen, das nicht ein geistiges Gefühl befriedigte und
dessen Erwerbung nicht aus einem Gefühlsdrange entspränge,
und mächtiger ist für die Denkthätigkeit der Reiz des Ehrfurcht gebietenden Grossen und Erhabenen, als die Denkthätigkeit in ihrem späteren Wissensreichthume zu meinen
pflegt. Indess so sehr die geistigen Gefühle hier treibend im
Hintergründe stehen, so liegt doch der gewaltige Wissensdrang
gleichzeitig auch in der Denkthätigkeit selbst und deutet auf
deren geheimnissvolles Wesen hin, das, ebenso wie bei der
Gefühls- und formbildenden Thätigkeit, wenn es auch an den
Nervenmoleculen und mit Hülfe derselben sich bethätigt, doch
mittelst deren selbst unerfassbaren Mechanismus nimmer erfasst
werden zu können scheint.

Beim Erklären verliert Alles an Grösse, und man muss
mithin dagegen ankämpfen, das wirklich oder vermeintlich
Erklärte in dem Scheine der Herabsetzung anzuschauen, um

nicht die dahinter steckende Thätigkeit zu unterschätzen oder gar zu missachten und dadurch die Erkenntniss ganz zu verfehlen. Freilich liegt das Erkennbare schon in demjenigen, was der Denkthätigkeit von den beiden andern Functionen vorgehalten wird. Läge in den empfangenen Erregungen nicht bereits ein einheitliches Ganzes, so brächte die Denkthätigkeit nicht ein solches aus ihnen heraus, und würde auch den formbildenden Centren nicht ein einheitliches Ganzes aus der Sinnenwelt dargeboten, woher sollte die Möglichkeit kommen, auf einheitliche Ganze zu verfallen? Die formbildenden Centren können ein solches noch viel weniger selbst ersinnen. Läge auch nicht die Befähigung zum Fortschritt in der Denkthätigkeit, so könnte diese keinen Fortschritt machen. Auch die Thiere haben alle drei geistige Functionen, aber zum Fortschreiten ist nur die menschliche Denkthätigkeit befähigt und mittelst ihrer erst gelangen auch die beiden andern Functionen zum Fortschritt. In dem Menschen ist der Entwicklungs- und Fortschrittsdrang der geistigen Functionen erfolgreich und thatkräftig durchgebrochen, während ihm selber diese Erscheinung räthselhaft und geheimnissvoll ist. Vieles musste zu jenem Erfolge beim Menschen hinzukommen, während ihm dennoch zum vollen Erfolge Vieles fehlt.

Es kann auch die Denkthätigkeit nichts Neues bei dem Erkennen hinzubringen, und was sie selbst bei ihren Inductionen hinzufügt, das liegt schon in dem von den Sinnesorganen erfassten Gegebenen. Und sie vermag Nichts ohne die formenden Centren und ohne die Gefühlsthatigkeit; indess diese beiden Functionen sinken dennoch ohne sie zu dem geistigen Leben des Thieres hinab. Ferner kommt die Denkthätigkeit in ihrem gesammten Streben nie zu Ende. Bei Millionen Menschen ist sie überdies ganz unentwickelt und ohne alle und jede Ahnung dessen, was sie vermag und soll; bei andern Millionen von Menschen ist sie dürftig und unselbständig; bei wenigen Bevorzugten nur steht sie auf einer hohen Stufe, und doch sind deren Geistesproducte immer noch so beschaffen, dass ein Anderer sie verbessern oder ergänzen kann, und es ist nur scheinbar, dass eine grosse Zahl von Menschen den höher stehenden Geistern in deren Leistungen verständnissvoll zu folgen vermöge. Es ist auch eine Unmöglichkeit, das Wissen zu erschöpfen, und es bedarf der Anstrengung eines ganzen Lebens, um auch nur eine kleine Arbeit bis zur wahren Gediegenheit zu vollenden. Beständig sogar muss die Denkthätigkeit darauf bedacht sein, ihr errungenes Wissen mittelst fortgesetzter Erfahrung zu bestätigen, zu berichtigen oder zu verwerfen. Angeregt durch ihre eigenen Arbeitsproducte muss sie selbst an der Vervollkommnung ihrer eigenen Befähigung arbeiten, und jeder kleine Stillstand hierin führt sie zum Rückschritt. Sie steht hierin der Gefühlsthätigkeit gleich, und die Wissenschaft wie die Moral jedes Menschen bedürfen der beständigen Verbesserung und Vervollkommnung. Doch besteht hierin ein grosser Unterschied zwischen diesen beiden Richtungen, und leichter ist es, auf einer hohen moralischen Höhe, als auf einer entsprechenden Höhe des Wissens zu stehen. Endlich aber kann die Denkthätigkeit ihre Aufgabe bis zum möglichen Grade nur da lösen, wo sie die machenden Begriffe zu gewinnen vermag, wie in der Mathematik, in dem Gebiete der Moral, in dem Gestalten des Tastbaren etc., während in dem allergrössten Theile ihres Wissensgebietes die machenden Begriffe ihr gänzlich fehlen und sie nur auf beschreibende allgemeine Vorstellungen angewiesen ist, so dass jedes Eindringen in das Wesen der Natur ihr für immer versagt zu sein scheint. Und eben hierin liegt eine Beschränkung, welche die strebende Denkthätigkeit nur mit Unwillen und mit Trotz zu ertragen pflegt.

Dennoch liegen in der Denkthätigkeit alle die hohen Eigenschaften, in deren Bethätigung sie selbst ihren Beruf erkennen muss, und die jeder Mensch, bei nicht zu überbrückender Kluft zwischen ihm und dem Thiere, wenigstens

in irgend einem Grade besitzt, nämlich: das Verstehen, das
einheitliche Verarbeiten der Erregungen, das Machen, das
Ahnen des Fehlenden und der als Wissbegierde erst der
Denkthätigkeit selbst zum Bewusstsein kommende Drang nach
der zu erfassenden Wahrheit, die in dem Gegebenen liegt
und die ihn leiten soll, — Eigenschaften von solcher Höhe,
dass man sich scheuen muss, ihnen gegenüber von den
Grenzen des Erkennens zu reden. In seinem ursächlichen Zusammenhange und in seiner Abhängigkeit erscheint
freilich das Einzelne trotz seiner Grösse klein; ihr Wirken
dünkt der Denkthätigkeit sogar selbst als „natürlich und
selbstverständlich", wenn sie sich in dem gegenständlichen
Arbeiten verliert und die dahinter steckende eigene geheimnissvolle Thätigkeit, wie die der Dinge, übersieht.

Eine geordnete Reihenfolge ist gegeben in dem Entstehen
des Geistigen von dem Tastbaren an bis zum Begriffe im
Haupte des Menschen. Was die Sinne berührt, das kommt,
wenn es selbstbewusst erfasst wird, als dessen wirkliches oder
stellvertretendes Bild aus der Denkthätigkeit und als deren
errungener Besitz wieder heraus, — eine Erscheinung, un-
vergleichlich in der Natur, — unbegreifbar, so sehr sie auch
in ihrem Mechanismus vorgezeichnet und organisch vorbereitet
ist, — um so mehr sogar angestaunt, je mehr sie in ihrem
Geheimnissvollen gewürdigt wird, — dazu bestimmt, dass der
Gedanke, der in dem Gegebenen liegt, im menschlichen
Geiste wieder entstehe, freilich nicht seinem Wesen nach,
sondern nur in Bezug auf seine für uns geltende Erscheinungs-
form, und darauf gerichtet, dass ein einheitliches und geordnetes Ganzes hervorgebracht werde, in welchem die Denkthätigkeit sich ohne Hinderniss bewegen kann, in welchem
sie schliesslich auf Nichts mehr stösst, was noch unerfasst aus
der Wirklichkeit stammt, und das sich somit brauchbar für
ihre ferneren Arbeiten und für ihr fortschreitendes Erkennen
erweist. Die Denkthätigkeit selbst ist dabei jedoch unfähig,

ihre Gattungseigenthümlichkeit zu einem noch tieferen Verstehen zu entwickeln, unfähig, sich und die ihr untergebenen
Functionen für noch feinere Erregungen empfänglich zu machen,
aber beanlagt wenigstens dazu, durch die Uebung und mittelst
des Erworbenen und Verstandenen von Geschlecht zu Geschlecht
innerhalb der sogenannten menschlichen Schranken geschick-
ter und gewandter zu werden, — und überdies vor allen Functionen ausgezeichnet dadurch, dass sie mittelst ihres Erkennens
stets Einschiebungen in den Gang ihrer, durch die Eindrücke veranlassten, Bewegungen zu machen vermag, wodurch
sie die Erkenntnissherrschaft über sich, über die gesammte Geistesthätigkeit und über die Aussenwelt bekommt
und sich mit den zu ihr gehörenden Functionen nach einem
Ideale zu vervollkommnen vermag, das die gesammte Geistesthätigkeit zwar mit Naturnothwendigkeit hervorbringen und nach
welchen hin sie auch mit Naturnothwendigkeit streben muss,
Erfolge aber darin nur erlangt durch ihre selbstbewusste Erkenntnissthat und im Dienste der edlen Gefühle, denen
endlich alles Denken und alles errungene Wissen dient.

b. Die Denkthätigkeit hat ferner zur Aufgabe, auf die
formbildenden Sinnes-Centralfunctionen und auf die Gefühlsthätigkeit erziehend einzuwirken und von ihrem Erkenntniss-
standpunkte aus diese beiden Functionen, welche nicht denken
können, zu leiten. — Sie erweckt die geistigen Gefühle,
ja sie macht sie sogar oder erzeugt sie in gewissem Grade,
sie berichtigt sie, bildet sie aus, ruft diejenigen Gefühle wach,
die in einem gegebenen Falle thätig sein müssen, und sie
stellt sich in deren Dienst, indem sie sich durch ihren Drang
treiben und entflammen lässt. Ausserdem vernimmt sie den
Ruf der Gefühle, wenn diese Noth leiden und ihre Rechte
suchen, wenn sie mahnen und Vorwürfe veranlassen, oder
Trost, Ruhe und Frieden geben im sogenannten Gewissen;
(siehe die Schrift über das „Gewissen" 1875 bei Manz und
auch über „Zurechnungsfähigkeit" 1877 bei A. Stuber). In

ähnlicher Weise verhält sie sich zu den formbildenden Sinnescentren. Sie belehrt gleichsam dieselben, um die Form aus den Sinneseindrücken in richtiger Weise zu gestalten, und sie bringt auch hier die moleculären Vorgänge erst in den richtigen Gang, die Functionen der Sinnescentren thatsächlich zum richtigen Arbeiten dressirend. Ebenfalls springt sie helfend hinzu, wenn ein Sinnescentrum seine augenblickliche Aufgabe nicht zu erledigen vermag oder ein Unbrauchbares construirt hatte. Beim Erkennen der Objecte betheiligt sie sich sogar an der Arbeit der sensoriellen Centren so sehr, dass die eigenthümliche Thätigkeit der letzteren nur noch beim visionären Anfertigen sinnenfällig scheinender Vorstellungen belauscht und hier allerdings mit Gewissheit, aber auch nicht leicht in ihrer richtigen Weise erkannt werden kann.

In Folge dieses beständigen Mitarbeitens der Denkthätigkeit mit den formbildenden Sinnescentren bei jedem selbstbewussten oder nur irgend anmerkenden Wahrnehmen begreift es sich, dass man nicht unterschied, was jedem von Beiden allein angehört. Was man daher „Vorstellungsthätigkeit" bis jetzt noch nennt, das ist das Zusammenarbeiten dieser beiden Functionen sowohl beim Erkennen des Sinnenfälligen, als bei allem geistigen Arbeiten, besonders wenn sich dieses auf „Gegenständliches" bezieht. Und das Wort „Vorstellung" bezeichnete somit jedes Product dieses Zusammenarbeitens, das die Denkthätigkeit sich vorhält, mithin hauptsächlich eine im Entstehen schon von der Denkthätigkeit mit angefertigte einheitliche Erfassung der von einem sensoriellen Centrum construirten Form seiner Erregungen, sowie jede solche im Gedächtniss auftauchende, bereits erfasste Form des Tastbaren oder Sinnenfälligen. Diese Form, also das Sehbild, den Geruch, den Geschmack etc., kann die Denkthätigkeit selbst durchaus nicht machen, sondern dieselbe wird ihr von jedem formbildenden Organ oder sensoriellen Centrum fertig überliefert, muss aber von der Denkthätigkeit erkennend aufgenommen, bestätigt und nöthigenfalls berichtigt werden, und sie hat ohne das selbstbewusste Erkennen keinen Werth und für die Denkthätigkeit keinen „Sinn".

c. Die Denkthätigkeit führt endlich auch das Gedachte aus, und sie ist das Handelnde in uns. Behufs der Ausführung des Gedachten, wie zum blossen Erdenken dessen, was sie verwirklichen will, bedarf sie wiederum der beiden andern Functionen. Sie bedarf der formbildenden Sinnencentren, um sich der Formen (Vorstellungen) zu erinnern, die sie durch Vermittlung dieser Function kennen gelernt hat, und sie bedarf dieser Function, um durch dieselbe nach dem allgemeinen Bilde dieser Formen solche Formen construiren zu lassen, die zu ihren beabsichtigten Handlungen passen. Somit gewinnt sie mit Hülfe der sensoriellen Centren die Zeit, den Raum, das Mass, das Gewicht der zu einem Zwecke nöthigen Gegenstände, die Farbe und die Gestalt derselben, den gewünschten Ton, Geschmack etc., und sie kann — selbst wenn sie begrifflich verfährt und mit den machenden Elementen eines Begriffs dabei arbeitet — ohne die Beihülfe der sensoriellen Centren gar nicht im Gebiete des wirklich oder auch nur scheinbar Sinnenfälligen sich bewegen. — Ebenso unentbehrlich ist der Denkthätigkeit die Gefühlsthätigkeit, um das Gedachte auszuführen, und sie bedarf hierzu der geistigen Gefühle, um durch sie auf Etwas hingerichtet und zu Etwas angetrieben zu werden, wofür sie ihnen den Genuss der Befriedigung gewährt. Auf dem Drange nach dieser Befriedigung beruht der Antrieb, den die Gefühle geben, und in der Befriedigung irgend eines — guten oder schlechten — geistigen Gefühls liegt der augenblickliche Endzweck der Handlung, dessen Folgen dann weiter wirken.

Die Denkthätigkeit ist das Handelnde, das ein Wollen Ausführende im Menschen, das in Folge irgend einer Ursache sich selbst zum Verweilen in einer gegebenen Erregung bestimmt, aber durch irgend ein geistiges Gefühl die Richtung

und den Zweck bekommt, selbst wenn ihr dieses Gefühl noch
nicht klar wird oder ihr gar nicht einmal zum Bewusstsein
kommt. Und es muss irgend ein Gefühl um so stärker
die Denkthätigkeit antreiben, als diese geflissentlich
arbeiten, sich anstrengen und beharrlich in der Lösung einer
Aufgabe verweilen soll. Nichts in der That kann die Denkthätigkeit ohne einen Gefühlsbeweggrund thun. Mindestens
muss sich eine Lust oder eine Unlust regen, die zu einer
Bethätigung der Denkfunction antreibt oder doch diese im
Gange erhält, dergestalt, dass nur dann jede bewusste Gefühls-
betheiligung fehlt, wenn auch die Denkthätigkeit selbst bewusst-
los geworden ist. Denn auch im bewusstlosen Zustande bestehen
die Gefühlsregungen noch fort. Das Gefühl, welches die
Denkfunction antreibt, muss ausserdem die Billigung von
letzterer erhalten haben und zwar eine solche Bestätigung
seiner Richtigkeit und Zweckmässigkeit in dem gegebenen
Falle, durch welche irgend ein gutes Gefühl wenigstens in
irgend einer Beziehung eine beschränkte, bedingte
Anerkennung seiner Rechte erhalten kann.

Die Formen des Sinnenfälligen muss somit die Denkthätigkeit von jedem einzelnen sensoriellen Centrum entlehnen,
und das, was sie thut, muss irgend einem geistigen Gefühle
entsprechen und dadurch bekunden, dass es eine Berechtig-
ung hat, in die Reihe des Gewordenen einzutreten, dass es
einen Nutzen für die geistigen oder körperlichen Bedürfnisse
hat. Dieser Nutzen aber hat noch gar nichts mit dem Egois-
mus gemein. Die Denkthätigkeit kann dermassen Nichts thun
ohne irgend einen Zweck, der stets in der Befriedigung irgend
eines Gefühls liegt, dass sie sich selbst „unvernünftig, dumm,
thöricht, irr, verrückt" nennt, wenn sie zwecklos handelt, d. h.
handelt, ohne Nützliches für eine — gute oder getadelte,
erlaubte oder unerlaubte — Gefühlsregung anzustreben. Gebunden ist demnach die Denkthätigkeit an ihren Arbeits-
gang und an die aus demselben sich ergebenden Weisen, und

gebunden ist sie an die formbildenden Centren, wie an die
gesammte Gefühlsthätigkeit, in allen Arten, Formen und Graden
dieser beiden Functionen, obgleich sie diese beiden Functionen
auch wiederum erziehen, leiten und sogar beherrschen muss,
— gebunden an diese beiden Functionen nicht nur beim
Ersinnen und Ausführen von Handlungen, sondern sogar bei
jeglicher Bethätigung ihrer Function, bei jeglichem Verweilen
in der blossen Vergegenwärtigung ihres Inhaltes, wie in dem
Zerlegen und Zusammensetzen desselben.

Die Denkthätigkeit bezeichnen wir — nach der soeben
gegebenen Darlegung ihrer Eigenthümlichkeiten, soweit sich
diese in ihren Aeusserungen offenbaren, — als die sich selbst zum
Eingehen in Erregungszustände bestimmende, ferner einheitliche
Ganze aus den auf sie übertragenen Erregungen machende,
und mit diesen Producten selbstbewusst ursächlich in das gesammte geistige Leben eingreifende, also die vorgezeichnete
Naturnothwendigkeit durch ihre Erkenntniss abändernde und
regulirende Function. — Die formbildenden Sinnescentra und
die Gefühlsthätigkeit bringen Producte hervor, verstehen sie
aber nicht; die Denkthätigkeit hingegen sucht und gewinnt
das Verständniss dieser Producte, und sie sucht das Machende,
derselben bis zum entferntesten Gliede in der Kette der Ursachen.

V.

3. Die geistige Gefühlsthätigkeit. Sie ist diejenige Function, welche die geistigen Gefühle hervorbringt
und ihnen ihre eigenthümliche Form giebt, — also die Function,
welche das Gefühl der Liebe, des Mitleids, der Dankbarkeit,
der Treue, der Ehrlichkeit, der Schönheit, der Wahrheit, der
Gerechtigkeit, Freiheit und Demuth, des Friedens, der Achtung
und Ehrfurcht etc. macht, aber auch die Gegensätze dieser Gefühle, den Hass, die Rache, die Bosheit, den Unfrieden, die

Verachtung etc. anfertigt, so dass ohne diese Function die guten, wie die nicht-guten geistigen Gefühle nicht bestehen würden. Der Name „Gefühl" ist nicht passend, und das körperliche Gefühl gehört nicht zu dieser Function. Vielleicht ist der Name „geistige Denkfasereigenschaft" am richtigsten. Die formbildende Function und die geistige Gefühlsfunction sind am stärksten in's Organische versenkt. Die sensitiven Nerven gehören zu ihrem sensoriellen Centrum; soweit jedoch aus den körperlichen Gefühlen Angenehmes oder Unangenehmes oder überhaupt geistige Gefühle entstehen können, gelangen die körperlichen Eindrücke durch Vermittlung ihres sensoriellen Centrums oder gleichzeitig auch der Denkthätigkeit zur Gefühlsthätigkeit und werden hier zu geistigen Gefühlen verarbeitet. Die geistige Gefühlsthätigkeit hat wahrscheinlich keine für sich bestehenden und ihr ausschliesslich dienenden Hirnzellen. Sondern die Denkzelle scheint gleichzeitig auch der Sitz der geistigen Gefühlsthätigkeit zu sein, so dass Denken und geistiges Fühlen an derselben Zelle haften, jedes von Beiden durchaus zwar für sich arbeiten kann, Beide aber auf einander wirken und dann zusammenarbeiten, (auch etwa in ihrer Weise ähnlich sich zu einander im Denkacte verhalten können, wie die sensitiven und motorischen Nerven).

Zu den geistigen Gefühlen besteht eine angeborne Anlage, aus welcher dieselben erweckt werden, theils durch Erregung von Seiten des sensoriellen Centrums, wie das Schönheitsgefühl, theils durch Erregung von Seiten der Denkthätigkeit, wie das Wahrheitsgefühl. Alle Functionen streben zur Aeusserung ihrer Thätigkeit; aber zum Entstehen ihrer ersten, wie jeder folgenden Aeusserung bedarf es einer ursächlichen Erregung. Und auch in der Gefühlsthätigkeit zeigt sich der Drang, um bei geeigneter Erregung als ein bestimmt geformtes Gefühl hervorzubrechen, das dann der weiteren Gestaltung, unter der Einwirkung von Ursachen, durch den zurechtweisenden Einfluss der Denkthätigkeit bedarf.

Bald sind dann zur vollen Entwicklung des Gefühls starke und wiederholte, bald nur leise und flüchtige Erregungen nöthig, und bei geeigneter Beanlagung kann ein Gefühl schon sehr schnell seine richtige Beschaffenheit erlangen.

Es giebt wahrscheinlich nur wenige Grundgefühle oder vielmehr elementare Eigenschaften der Geistesthätigkeit, wie: Liebe, Schönheit, Achtung und Ehrfurcht, das Friedensgefühl und vielleicht auch das Wahrheitsgefühl, während alle andern Gefühle, wie das Freiheits-, Gerechtigkeits-, Dankbarkeitsgefühl etc. abgeleitete Gefühle, d. h. aus den Grundgefühlen durch zusammengesetzte Erregungsvorgänge entstanden sind. Auf dem Erkenntnisswege können sich aus den einmal erwachten Elementar-Gefühlen zahllose Modificationen nachträglich entwickeln und immer neue Gefühlsweisen und Gefühlsrichtungen in die denkende Hirnzelle einprägen, übrigens ohne dass der Mensch auf neue Grundgefühle gelangt, so dass seine Gattungseigenthümlichkeit auch in dieser Hinsicht feststeht. — Einige der zahlreichen Gefühle sind zwar beschrieben, aber kein einziges Gefühl ist bis jetzt erforscht worden, und die gesammte Lehre von den Gefühlen liegt noch unbearbeitet da, während die Denklehre wenigstens in Bezug auf ihre sogenannten Denkgesetze und Denkformen auf das Spitzfindigste ausgetüftelt wurde. Es liegt hierin eine Verschuldung der Menschheit, die den Gelehrten aller Gebiete zur Last fällt und die sich namentlich in der jüngsten Zeit schwer gerächt hat und noch lange rächen wird.

Die elementaren Grundgefühle sind durchaus edle. Die aus ihnen abgeleiteten Gefühle aber sind theils edle, theils eigennützige Gefühle. Die eigennützigen Gefühle entstehen dadurch, dass die Denkthätigkeit, indem sie zum Bewusstwerden gelangt, hiermit auch ein Selbstgefühl in ihrer Denkzelle erweckt und in Folge dessen die geistigen Grundgefühle zunächst im Dienste ihres Selbstbewusstseins und Selbstgefühls verwendet, aber die hierzu nöthigen Kenntnisse

des Guten und Wahren noch nicht hat und auch die edlen
Gefühle selbst noch nicht in schützender Stärke besitzt, die
Denkthätigkeit vielmehr stets sich auf die eigenen Bedürfnisse
hingewiesen sieht und von den sensoriellen Centren sogar
stark an die Bedürfnisse des Körpers gemahnt wird, somit
den erwachenden, an sich guten Gefühlseigenschaften eine
allzu persönliche Richtung giebt und eine zu ausschliessliche
Beziehung auf die jedesmalige eigene Noth ertheilt, daher
auch statt im Friedensgefühle sich bloss in vorübergehenden
Lust- oder Unlustgefühlen bewegt. Indem dann die Lust-
gefühle gepflegt, die Unlustgefühle unklar und bang gescheut,
die elementaren wie die abgeleiteten Gefühle unrichtig erzogen
werden und keine Zügelung erfahren, entstehen obendrein
Affecte und Leidenschaften. Und auf diesem verwickelten
und langen Wege kommt somit das Böse und Schlechte
in die Welt. Die eigennützigen Gefühle sind stets das Secun-
däre, aber sie erscheinen in dem Masse als das Primäre,
als die elementaren guten Gefühle etwa nur schwach und
flüchtig bestanden und schnell eigennützig entarteten. Immer
entsteht das Schlechte aus der schädlichen Verwendung det
Guten, und es giebt gar keine schlechte Handlung, die nichs
in irgend einem guten Gefühle ihre entfernt liegende Wurzel
hätte, so dass selbst dem Verbrechen die Befriedigung
irgend eines guten und oft sogar edlen oder doch in rich-
tigerer Weise zu befriedigenden erlaubten Gefühls zum
Grunde liegt. Mag sogar ein Gefühl mit seinem ersten Erwachen auf eigennützige Bahnen gerathen, so bleibt doch das
ursprüngliche Gute in ihm, sei es auch nur in der Form der
Anlage und der elementaren Begründung.

Die zahlreichen geistigen Gefühle des Menschen entstehen,
— durch die beiden anderen geistigen Functionen erweckt, —
aus der nun einmal vorhandenen Anlage der Denkzelle; sie
haften an dieser und sie bethätigen sich hier so, dass sie die
Denkthätigkeit immer treiben und in ihrem Dienste erhalten,

aber gleichzeitig und zwar hauptsächlich durch die Denkthätigkeit nicht nur aus ihrer Anlage erweckt, sondern gerade durch
sie fortwährend in gutem oder schlechten Sinne ausgebildet
werden, doch freilich auch oft unter Vernachlässigung in
Verkümmerung verschmachten. Indess, ob sie auch entarten
oder verkümmern, das Gute, das in den Gefühlen liegt oder
auch bloss noch in ihrer Anlage ruht, erstickt nie ganz,
sondern kommt wieder oder doch endlich wieder zum Vorschein,
wenngleich oft nur in dürftiger Gestalt. Man hat Solches
auch von der Regung des Gewissens, welches das Erwachen
und Mahnen der guten Gefühle ist, stets gesagt, aber nur
allzu unbedingt behauptet. Denn auch das Gute kann aus
der Gefühlsanlage nur im Gange des ursächlichen Geschehens
herauskommen, und die schlafenden Gefühle können nur im
richtigen Gange der Ursachen wieder erwachen, so dass viel
Zeit verfliessen kann, ehe das Gute in den Gefühlen wieder
sich regt und erstarkt. Günstige Bedingungen müssen hierzu
in der Gefühlsanlage und in den beiden andern geistigen
Functionen gelegen sein, und günstige Veranlassungen von
Aussen müssen hinzu kommen. — An die Gefühlseigenschaften
ist die Denkthätigkeit gebunden und zwar im Laufe des
Lebens immer inniger, so dass sie nichts denken und denkend
nichts ausführen kann, ohne im Dienst irgend eines Gefühls
oder gar sehr verwickelter Gefühlsbewegungen zu stehen.
Und folgt sie nicht einem guten, so folgt sie einem schlechten
Gefühle. Findet auch die Denkthätigkeit irgend ein Gefühl
nicht zutreffend für einen gegebenen Fall, so wählt sie ein
anderes oder ersinnt eine andere Befriedigungsweise des Gefühls, bis dass sie Ruhe findet dem treibenden Gefühle gegenüber, das aber oft auch ein schlechtes sein kann, während
nur die Ruhe in einem guten geistigen Gefühle den von
allen Menschen ersehnten Frieden giebt. Dieser Friede
aber will errungen sein und wird nur errungen durch die
volle und starke Erkenntnissthat des Menschen. (Mehrfache

Erörterungen über die geistigen Gefühle finden sich in meinen beiden Schriften: „das Gewissen" und „die Zurechnungsfähigkeit".)

Vergleicht man die Leistungen der drei geistigen Functionen und die Befriedigung, welche sie ergeben, so ist leicht zu erkennen, dass die Producte der formbildenden Sinnescentren und der blossen Denkthätigkeit für sich allein dem Menschen das ersehnte einzige Glück, den Frieden der Seele, nicht zu gewähren vermögen, sondern dass Beide nur dadurch und in dem Masse dem Menschen Befriedigung verschaffen, als sie geistige Gefühle befriedigen, und dass die Denkthätigkeit nur in den gediegenen Werken, die sie im Dienste der edlen Gefühle vollbringt, Ruhe und Frieden findet. Am höchsten unter den drei geistigen Functionen steht demnach die geistige Gefühlsthätigkeit in der Form der edlen Gefühle. Nur was die Gefühlsthätigkeit im Gebiete des Guten mittelst der Denkthätigkeit hervorbringt, das ist das Beglückende. Nur soweit als die guten Gefühle entwickelt, gepflegt und bethätigt werden, gewinnt die Denkthätigkeit ein Bewusstsein und ein Gedächtniss des Guten mit einem festen Halte und mit der Erkenntniss ihrer Bestimmung und ihres Zieles. Nicht die Uebung der Kunst des „Vorstellens" und des Denkens, sondern die Vervollkommnung und Bethätigung der edlen Gefühle ist daher die Hauptsache in der geistigen Thätigkeit. Aber die beiden anderen Functionen und namentlich die Denkthätigkeit mit ihrem beständigen und strengen Arbeiten und mit ihrer errungenen Erkenntniss sind das unentbehrliche Mittel zur Ausführung dieser Hauptaufgabe und haben auch keine andere Bestimmung. Wie die Denkthätigkeit in jedem Augenblicke, sofern sie nicht in einem träumerischen Erregungsspiele verweilen will, nicht das Mindeste thun kann, ohne einem geistigen Gefühle zu dienen, so auch in Betreff der gesammten Lebensaufgabe und in Betreff der gesammten Wissenschaft. Die Wissenschaft ist

nicht für sich Selbstzweck. Und wird einstmals der den
Wissenschaften gewidmete grosse Eifer eine weltbewegende
grosse Erkenntniss erzeugen, so wird er auch eine
mächtige und weittragende Gefühlserregung hervorbringen,
wenn auch nur in der Form der bereits bekannten Gefühle.
Alles dient nur den geistigen Gefühlen, will aber und soll
nur den edlen Gefühlen dienen; und auf deren Vervollkommnung arbeitet bereits der ganze Geistesmechanismus hin
mit Drang und Zwang. Indess es wäre Eigennutz, wenn die
Denkthätigkeit das Wahre und Gute nur für ihre eigene Behausung anstrebte und in dieser Hinsicht nicht ihren Blick
auf Ihresgleichen in dem Mitbruder, dem sie mehr als sich
selbst verdankt, und auf das ganze Weltall ausdehnte, das
sie zu erforschen sucht.

Alle Erregungen der geistigen Functionen und alles Erkennen und Wissen dient nur dazu, die geistigen Gefühlseigenschaften zu erwecken und zu erziehen, um dann den jedesmal
thätigen Gefühlen zu dienen und deren Regungen und
Strebungen zu verwirklichen. — Die formbildenden Sinnescentren gewinnen das dem Tastbaren oder Physikalischen
entlehnte Material, die Denkthätigkeit empfängt dieses und gewinnt
ausserdem das in ihrer Function und in der geistigen Gefühlsthätigkeit liegende Material, soweit all' dieser Denkstoff er-
reichbar ist, und die Denkthätigkeit verarbeitet dann das
gesammte Material, um mittelst der daraus gewonnenen Erkenntniss sich, die Sinnescentren und die Gefühlsthätigkeit zu
beherrschen, während sie selbst von diesen beiden Functionen stets abhängig ist und den geistigen Gefühlen stets
dienen soll, von diesen Gefühlen sogar beständig den für
jeden einzelnen Fall geeigneten, bald edlen, bald eigennützigen
Antrieb erhält und mit der Regung des einen Gefühls überdies
auch die übrigen Gefühle sich regen und ihre Rechte fordern.
Somit tritt die Entscheidung an sie heran, wie sehr sie die
Regung irgend eines Gefühls auf Kosten der andern befriedigen

will und darf. Da bedarf es einer grossen Reife, Selbstständigkeit und beständigen Anstrengung der Denkthätigkeit, um aufrecht zu stehen und nicht durch die Bilder der Sinnescentren oder durch irgend ein mächtig gewordenes Gefühl überwältigt und unbesonnen fortgerissen zu werden, — eine Selbständigkeit, die geflissentlich erworben und in steter Uebung erhalten werden muss und die nur in der Selbstbestimmung zu den, an die Denkthätigkeit mahnend gelangenden, guten Gefühlen besteht, die mit Gewalt im Menschen ihre Befriedigung suchen, aber nur mittelst der selbstbewussten Erkenntniss sie erfolgreich zu erlangen vermögen. Und die Arbeit ist schwer! Wohl darf ich als leicht verständlich bezeichnen Alles, was ich als das dargelegt habe, worin das Wesen und die Aufgabe der geistigen Thätigkeit, so viel man aus deren Aeusserungen erkennen kann, besteht. Aber warum die gesammte Geistes-Arbeit dem Menschen so furchtbar schwer nicht bloss fällt, sondern obendrein und namentlich im Gebiete des zur Erreichung des Zieles so unerlässlich nothwendigen Erkennens ihm sogar durch seine eigene Organisation so unaussprechlich schwer gemacht ist, das ist das geschichtliche Räthsel, dessen Lösung dem Leser überlassen bleibe. — Gern will der Mensch gut und fromm sein. Aber dass er seinen Gott nicht sieht, dem er dienen will und soll, das ist sein Klageruf, das ist seine Verzweiflungsklage, die aus allen seinen Fasern in jedem Augenblicke sich erhebt!

VI.

In dem bisher andeutungsweise dargelegten psychologischen Thatbestande liegt der Begriff der menschlichen Geistesthätigkeit enthalten, so dass, so sehr man auch denselben noch vollenden möge, doch die wesentlichen Merkmale stehen bleiben müssen. Wir fassen denselben, da die Thatsachen für sich selbst sprechen, bloss noch kurz zusammen, um hiermit

die Lücke auszufüllen, welche die naturwissenschaftliche
Auffassung gelassen hat, indem sie die menschliche Geistesthätigkeit gar nicht in einen Begriff zusammenzufassen suchte,
sondern sich bloss damit begnügte, eine leider nur allzu wenig
treffende Anschauung zu geben, bloss wie die geistige Bewegung sich in ihrer allgemeinsten Form an der Hirnfaser
vollziehe. Freilich, bestände nicht in dem Gehirne eine für
die geistige Bewegung geeignete moleculäre Einrichtung, so
wäre keine geordnete Vollziehung der drei geistigen Functionen im Gehirne, es wäre kein Gedächtniss, es wäre keine
ihrer Folgen und kein Erfolg für das organisch gestaltete
Individuum möglich.

Die formbildenden Sinnescentren in ihren verschiedenen
Arten sind eine Zwangsvorrichtung, welche im Gehirne
sich aufbaut und, mittelst der Sinnes- und sensitiven Nerven
den Ursachen hingegeben, die Eindrücke in eine unabänder-
liche Form bringt, um mittelst dieser Erregungsform auf die
Gefühls- und Denkthätigkeit zu wirken. — Die Gefühlsthätigkeit mit ihrem Organ ist eine Zwangsvorrichtung,
welche edle Gefühle hervorbringt, die des Menschen Schutz,
Trost und Freude sind, und die durch die Denkthätigkeit entbunden
und zur Vollkommenheit gebracht werden sollen und wollen,
worin wesentlich die ganze Lebensaufgabe des Menschen besteht,
jedoch durch die eigenthümliche Beschaffenheit der Denkthätigkeit und aus deren Ursache und schliesslich sogar Schuld auch
eigennützig und schlecht werden und dann das Böse hervorbringen.
— Die Denkthätigkeit mit ihrem Organ endlich ist ebenfalls
eine Zwangsvorrichtung, welche die von den beiden andern
Functionen empfangenen Erregungen zu verstehen weiss und
zu verständnissgebenden Producten verarbeiten muss, — nicht
das Mindeste hervorbringen kann, wozu sie nicht den Denkstoff
aus dem Gegebenen in irgend einer Weise empfangen hätte,
— aber an dem empfangenen Materiale in erkennender Weise
bis zum Machenden theils gelangt, theils zu gelangen sucht,

das Machende und Handelnde im Menschen selbst ist, — doch
ohne Ursache Nichts zu thun vermag, — indess für jede Erregung, in die sie eintreten will, sich zu entscheiden fähig
ist und sich entscheiden muss, — die auf sie wirken sollenden
Ursachen nach ihrer Erkenntniss und Individualität auswählen
kann, — zu diesem Behufe Ursachen kennen gelernt und
erworben haben muss, — mittelst ihrer Erkenntniss die Naturnothwendigkeit der gesammten Geistesthätigkeit zu d u r c h-
b r e c h e n und zu v e r ä n d e r n vermag, — ihre Erkenntniss
aber immer nur aus dem Naturnothwendigen entnimmt, —
von der Gewalt des s t ä r k e r e n Reizes und von j e d e r
Erregung sich f r e i machen kann, aber nur, — was Alles
man bei dem Bestreiten der menschlichen Freiheit nicht erkannte — unter der Bedingung, dass sie dann irgend einer
a n d e r e n E r r e g u n g s i c h u n t e r w i r f t, — und deren
alleinige Aufgabe wesentlich das V o l l b r i n g e n des G u t e n
im Dienste der edlen Gefühle ist.

Somit finden wir in der geistigen Thätigkeit d r e i mit
sogenannter innerer Naturnothwendigkeit wirkende Functionen,
von denen die eine, die Denkthätigkeit, mit einer zwar be-
schränkten, aber jeden Augenblick anwendbaren und äusserst
mannigfaltig und überdies sehr erfolgreich zu verwendenden
F r e i h e i t ausgestattet ist, und eine andere, die geistige Gefühlsthätigkeit, das Gute mit mächtigem Drange und sogar gegen alles
Wissen und Wollen hervorzutreiben strebt. Diese drei Functionen wirken im normalen Zustande in der Form einer
P e r s o n zusammen, und die höchste Wonne ihrer Existenz
und Thätigkeit ist das Verweilen, Streben und Schaffen im
Gebiete des I d e a l e n, das von der Denkthätigkeit auf Grund
der Erregungen der beiden anderen Functionen ausgedacht
wird, so dass mit Naturnothwendigkeit die gesammte Geistesthätigkeit schon nach immer höherer Vollkommenheit ringt,
zu einem E r f o l g e aber nur durch die volle, starke und
beharrliche, durch die anstrengungsvolle Selbstbestimmung und

eigene That der Denkthätigkeit es bringt. — Zwangsmechanismus und Freiheit sind zwar Gegensätze, indess sie finden sich nun einmal innerhalb der geistigen Thätigkeit vereinigt, und es beruht überdies die Freiheit ebenfalls auf elementaren Vorgängen, gleich anderen vorgeschriebenen Erscheinungen, sie wird auch durch den vorherrschenden Drang zum Guten mächtig bestimmt und beschränkt, und sie ist ausserdem von vielen Bedingungen abhängig. Dabei ist sie das einzige Mittel, um der Denkfunction ihre mannigfaltige und wechselvolle Thätigkeit und ihre Berührung mit den verschiedensten und zahlreichsten Ursachen zu ermöglichen.

Nach der soeben gegebenen kürzeren Characterisirung der drei Functionen beantworten wir — auf Grund der sich kundgebenden Thätigkeitserscheinungen — die Frage: „was ist der menschliche Geist?" in folgender Weise: Die menschliche Geistes- oder die Seelenthätigkeit ist die mittelst des Gehirns sich vollziehende Denkthätigkeit, welche die Producte der ihr beigegebenen formbildenden Function und geistigen Gefühlsthätigkeit in erkennender und verstehender Weise zu einheitlichen Ganzen verarbeitet und mittelst dieses, aus dem Gegebenen erlangten, Wissens die geistigen Gefühle erwecken, erziehen, veredeln und in deren Drang und Dienste das vorgezeichnete Gute hervorbringen soll, — eine Thätigkeit, die an der Reihenfolge der Nervenmolecüle abläuft, durch die angeborene functionelle Beanlagung und durch die physikalische und chemische Beschaffenheit der Nervenzelle getragen wird, in dieser ihren Mechanismus und ihr Schema besitzt, und unter dem Einflusse erregender Ursachen ihre Arbeit vollzieht, — indess zum Wechseln der Reize, zum Ablenken und Hinlenken, zum Selbstbeschränken auf einzelne Erregungen, zum Selbstbestimmen im Dienste der Gefühle, zum Selbsterregen durch ihre eigenen Thätigkeitsproducte, und zum Wahrnehmen ihrer eigenen Arbeiten fähig ist und dadurch in ihrem naturnothwendigen Gange eine durch ihre Erkenntnisse ermöglichte

Unabhängigkeit von den sie treffenden Reizen erlangt, — zwar eine nach vorgeschriebenen Gesetzen und gegebenen Einrichtungen sich äussernde Thätigkeit, die das Gute hervorbringen muss, jedoch in erfolgreicher und fortschreitender Weise dasselbe nur mittelst ihrer selbstbewussten eigenen That und unter selbstbewusster Gelobung hervorbringt und in dem Hervorbringen des Guten endlich ihre alleinige Aufgabe erkennt und diese erfüllt, so dass sie das Gute auch selbst will; — eine sich durch Uebung und Erfahrung immer gewandter und wissensreicher machende Thätigkeit, die, angeregt durch die Gefühle und ihre eigenen Erkenntnissproducte, den Fortschritt und die Besserung in dem Erkenntniss- und moralischen Leben wachsam anstrebt und vollzieht, in welcher aber trotz alles Denkens- und Wissensruhmes das Wissen nur das Mittel und das Gute nur der Zweck ist.

Abgekürzter können wir sagen: die Geistesthätigkeit ist das Zusammenarbeiten dreier Functionen im menschlichen Gehirne, um das Gewordene zu erkennen und nach dieser Erkenntniss den Drang der guten Gefühle durch Handlungen zu befriedigen und dadurch das Gute zu verwirklichen. Oder: die Geistesthätigkeit ist die im Dienste von Gefühlen mittelst ihrer Erkenntniss sich selbst bestimmende Denkthätigkeit; — oder: eine von Gefühlen begleitete (oder auch eine gefühlvolle) Denkthätigkeit, welche durch ihr Erkennen die edlen Gefühlseigenschaften entwickeln und bethätigen soll; — ein Erkenntnissbaum zum Tragen guter Früchte; — eine Triebs- und Erkenntnisseinrichtung im Nervensysteme zum Hervorbringen edler Werke der Gefühlseigenschaften mittelst Erkenntniss und Selbstbestimmung.

Wir gebrauchten soeben den Ausdruck „gefühlvolle Denkthätigkeit", und dieser Ausdruck ist richtig. Wohl weiss Jedermann, dass man, wie man sagt, rücksichtslos alle Gefühle auch schweigen zu lassen vermag, aber nur im Dienste irgend eines dann bevorzugten Gefühls, und dass man unparteiisch eine

Sache untersuchen kann, aber dann steht man gerade im Dienste des Wahrheitsgefühls und, ernst und streng beeifert für dieses, weist man jedes andere Gefühl ab. Der Mensch hat Freiheit mittelst seines Erkennens. — Die gefühlloseste Handlung ist in eigennütziger Weise eine sehr gefühlvolle, — oder sie ist nur die (Handlung) Leistung eines gedankenlosen oder mit seinen Gedanken abwesenden Irren.

Man spricht vom „Handeln aus Ehre", vom „Thun des Rechten aus Pflicht und Ehre" etc. Indess diese Triebfedern sind bereits abgeleitete, und auch solches Handeln ist ein Zwangshandeln. Und es bleibt als fest stehen, dass der menschliche Geist ein Zwangsmechanismus ist, dessen Denkthätigkeit durch deren eigene That, in Folge der Denkconsequenz, das richtige Wissen gewinnen, den rechten Weg finden und dadurch zum ermöglichten Ziele gelangen kann und will und auch schon deshalb soll, — ein Zwangsmechanismus, wie alles Gewordene, aber mit Freiheit der Denkthätigkeit und mit Gewissen und Zurechnungsfähigkeit. In Betreff der Freiheit verweise ich namentlich auf meine Schrift über die „Zurechnungsfähigkeit" (1877, bei A. Stuber). Es ginge mit dem Menschen gar nicht, wenn nicht auch er ein Zwangsmechanismus wäre. Denn die Aufgabe jedes Gewordenen ist allzugross und schwer, als dass das Gewordene die an ihm nachweisbar vorhandene und an dasselbe gestellte Aufgabe aus eigenem Wollen lösen könnte. Das Gewordene müsste selbst ein „Gott" sein, wenn es nicht als ein Zwangsmechanismus im Dienste des Ganzen dienen wollte. Und für alles Organische bedarf es überdies des Zwanges in allen Grössen und Arten, für den Menschen jedoch, wegen der ihm möglichen Freiheit, in noch ganz besonderem Grade.

Wir sprachen von dem „richtigen Wissen", das der menschliche Geist in seinem Zwangsmechanismus gewinnen soll. Dies richtige Wissen und alles menschliche Wissen liegt in den Thatsachen der gesammten Natur und in denen des Menschen selbst vorbereitet. Das Wissen des Menschen sind die aus seinem Organismus und aus der gesammten Natur zu ihm sprechenden Thatsachen. Diese Thatsachen werden in ihm zu Erkenntnissformen (bisher „Vorstellungen" genannt), darauf zu Gedanken und — in Folge der Fähigkeit, seine Nervenzustände in erleidender Weise wahrzunehmen — auch zu Gefühlen. Diese Ableitung der Entstehung der Gedanken und Gefühle gelingt bereits beträchtlich, trotz der Schranken und Schwierigkeiten, die das „Ding an sich" entgegenstellt.

Somit brauchen wir, um das „Geistige" zu erklären oder für dasselbe einen verständlicheren technischen Ausdruck zu gewinnen, nicht mehr z. B. zu sagen, das Geistige sei das „Nicht-Ausgedehnte". Sondern das Geistige im Menschen sind die in den Gehirnzellen entstehenden Bilder und Zeichen für die in dem eigenen Körper- und Geistesorganismus und in der gesammten Natur vorhandenen Thatsachen, ferner die an dem Gehirne wirkenden Thätigkeiten selbst, welche theils die Bilder und Zeichen machen, theils sie verarbeiten und die hieraus entstehenden Producte verwenden. Alles Gewordene und Vorhandene und alles Geschehende kommt somit in den Gehirnzellen wieder heraus als das Abbild oder gedankenvoll gemeinte Zeichen, und es soll als das in seiner ganzen Herkunft verstandene Abbild oder Denkproduct herauskommen.

Das Gesetz der Erhaltung der Kraft dient auch den geistigen Functionen. Aber aus der mechanischen Arbeit geht gewiss nicht die geistige Thätigkeit hervor. Es müsste ein Etwas wenigstens aus den Atomen noch hinzukommen. Kann man auch beim Erkennen die mechanische Arbeit als Hülfsmittel bis in die Centralheerde der sensitiven Nerven verfolgen, und bedürfen auch die Zellen der Centralganglien und die Denkzellen der mechanischen Arbeit zu ihrer Existenz, so kann man doch die geistige Thätigkeit nicht aus der blossen Nerventhätigkeit erklären, sie nicht von unten nach oben aufbauen, nicht in dieser Richtung entstanden denken. Die centralen Gebilde des Nervensystems sind das Erste. Lassen sich Denkkräfte auch nicht in der sogenannten unbelebten Natur finden, so tauchen sie doch im Organischen mehr und mehr auf und in den geistigen Gehirnfunctionen des Menschen sind sie unbestreitbar. Kein besonderes Interesse nöthigt dazu, die Erscheinungen der Sinnesthätigkeiten als sogenannte specifische festzuhalten. Indess diese existiren nun einmal, wenn sie auch nur auf dem Wege des Werdens entstanden sind. In Betreff der Denkthätigkeit dagegen besteht die Thatsache aufrecht, dass in ihr eine neue Kraft aufgetreten ist, die nicht Elektricität oder Wärme, nicht Lichtbewegung, nicht Chemismus und nicht mechanische Bewegung ist. Die Bilder der Erkenntnissgegenstände kommen von aussen angeregt in das Gehirn hinein; aber die erkennende Denkthätigkeit im Gehirne kommt nicht als solche von den Erkenntnissbildern her in den Menschen, ist keine vom Nervensysteme gemachte Nachahmung eines in den Gegenständen schon vorhandenen Thätigen, keine Fortsetzung einer Naturerscheinung, und bis jetzt als Entlehnung aus der Natur nicht aufzuweisen. Möge letzteres gelingen — um des Friedens willen! Doch ganz vergeblich ist es, hierüber jetzt zu streiten. Denn zuvor müssen die Erscheinungen der gesammten Geistesthätigkeit erst klarer gemacht sein, als sie bis jetzt sind, — und in anderer Weise als bis jetzt werden dann die Gegner sich verständigen.

Wenn wir übrigens von einer „Denkzelle" reden, so ist nicht das Machende selbst substantiell gemeint, sondern nur die inhaltreiche Behausung angedeutet, in welcher die geistige Arbeit sich vollzieht. Und versetzt hierher der Eine den „Geist", so glaubt der Andere gerade hier immer tiefer bis in die geheimsten Tiefen im Bereiche der Atome hinab vordringen zu müssen, um in ihnen die Lösung des Räthsels zu suchen. Unerlässlich ist dies sogar beim thatsächlichen Forschen. Denn Wort und Hypothese sind dem Forscher nur Nebensache. Und ihm liegt nur daran, eine thatsächliche Grundlage seinem Denken unterlegen zu können.